W0332404

ABC FLEURUS Activités pour les 6-12 ans

Le livre des jeux d'intérieur

Pierre Lecarme

FLEURUS
fleuruseditions.com

Sommaire

PETITS JEUX

Petits jeux à deux

Petits jeux de vocabulaire

Petits jeux d'attention

JEUX CLASSIQUES

Avec du papier et un crayon

Jeux d'allumettes

Jeux de cartes

Jeux de dés

Jeux de dominos

Jeux d'osselets

Jeux de ficelle

JEUX DE STRATÉGIE

Jeux de plateau

JEUX DE VEILLÉE

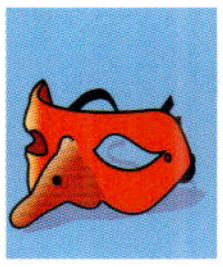

Jeux d'expression

Jeux en cercle

JEUX ACTIFS

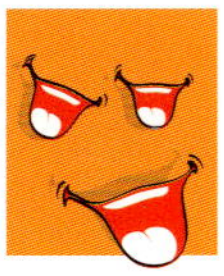

Éclats de rire

Les yeux bandés

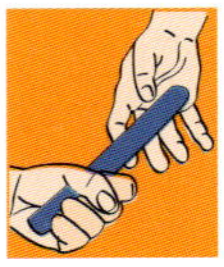

Jeux de relais

GAGES ET DEVINETTES

Introduction

Ce livre propose aux enfants de 6 à 12 ans, plus de 200 jeux classiques ou inédits et leurs variantes à pratiquer en famille, entre amis, à l'école ou en centre aéré.

Il est divisé en 6 chapitres : *Petits jeux, Jeux classiques, Jeux de stratégie, Jeux de veillée, Jeux actifs* et *Gages et devinettes*, chacun étant associé à une couleur pour faciliter le repérage.

Chaque chapitre se divise en plusieurs parties symbolisées par des pictogrammes en haut de page (voir sommaire). Le lecteur retrouvera facilement un type de jeu en associant couleur et image.

Les repères

Pour chaque jeu, la tranche d'âge, le nombre de joueurs, la durée moyenne du jeu et le matériel éventuellement nécessaire sont indiqués dans un encadré de couleur et symbolisés par un pictogramme.

L'âge minimum est donné à titre indicatif et dépend de la maturité de l'enfant. Un même jeu pourra ainsi rassembler des enfants d'âges différents si les aînés savent entraîner les plus jeunes.

Le meneur est compris dans le nombre de joueurs s'il participe activement au jeu. Si le meneur joue simplement le rôle d'arbitre ou d'incitateur, il est mentionné et son rôle pourra être tenu par un adulte.

La durée du jeu est également indicative et dépend du rythme de chacun. Si certaines règles peuvent être facilement assimilées au cours du jeu, d'autres requièrent un peu d'entraînement au préalable. Les jeux les plus courts peuvent être répétés pour jouer une partie en plusieurs manches. Par ailleurs, la durée indiquée n'inclut pas le temps de préparation éventuel (lorsqu'il s'agit de fabriquer une salière en papier par exemple).

Certains jeux nécessitent du matériel comme du papier, des crayons, un dictionnaire, des pions (boutons ou petits cailloux), de petits récipients ou encore des cartes, des dominos et autres dés. Pour plus de commodité, on réunira ce matériel dans un petit sac que l'on rangera à proximité du livre des jeux.

Si un jeu ne comporte pas d'encadré de couleur, cela signifie que ses caractéristiques sont identiques à celles du jeu précédent.

Où et quand jouer

Dans un recoin de la maison ou dans une grande pièce, assis à une table ou debout, les jeux proposés dans ce livre sont d'une telle variété qu'ils se prêtent à toutes les situations. Certains jeux ne nécessitent pas de place, aucun matériel et peu de participants : ils sont les compagnons idéaux d'un long voyage en voiture ou en train. D'autres, sans être plus complexes, nécessitent un peu d'espace et des partenaires plus nombreux : un goûter ou une après-midi entre amis seront l'occasion d'y jouer.

La règle du jeu

Tous les jeux possèdent une règle détaillée qu'il faut lire attentivement. Cependant, les joueurs pourront l'adapter selon leur âge et selon le matériel dont ils disposent. Pour les jeux complexes, il est conseillé de faire une partie « pour rien » afin de bien comprendre la règle en l'appliquant étape par étape.

Quelques précautions

Avant de jouer, quelques précautions s'imposent : s'il s'agit de sauter sur les pieds de son adversaire, il faut qu'il soit du même poids et... pas question d'écraser ses pieds nus avec des chaussures de montagne ! Attention aux jeux comportant des frappements : il ne s'agit pas d'assommer l'adversaire mais de jouer avec lui. Pour des jeux où l'on se déplace, veiller à protéger les objets ou les meubles fragiles.

Savoir s'arrêter

Si un jeu ne marche pas bien, il faut l'abandonner et en choisir un autre : le vrai but du jeu, c'est de s'amuser ! Mais il faut savoir aussi stopper un jeu s'il marche très bien... pour être sûr de ne jamais s'en lasser.

Choisir les joueurs

Comment former une équipe, choisir un meneur ou désigner celui qui commencera la partie ? En comptant sur le hasard ! Il fait souvent bien les choses, comme le prouvent ces drôles de petits jeux de sélection...

Lance cailloux

Pour choisir le joueur qui commencera la partie, on peut lancer les dés... ou les « cailloux ». Pour ce jeu, deux bouts de ficelle et du papier sont nécessaires.

1 Poser les ficelles parallèlement sur le sol en les espaçant de 3 mètres l'une de l'autre.

2 Les joueurs se placent derrière une ficelle, une boule de papier froissé à la main.

3 À tour de rôle, chaque joueur lance sa boule en essayant de la faire retomber le plus près possible de la deuxième ficelle.

4 Celui qui s'en approche le plus commence le jeu.

La courte paille

Ce jeu permet de sélectionner un joueur parmi d'autres (un meneur ou un chef d'équipe, par exemple).

1 Couper autant de pailles (ou d'allumettes, ou de cure-dents) qu'il y a de joueurs. Toutes les pailles sont de longueur égale, sauf une qui est nettement plus courte.

2 L'un des joueurs tient les pailles dans sa main en cachant leur base afin qu'elles semblent toutes de même longueur.

3 À tour de rôle, les joueurs tirent une paille.

4 Celui qui tire la paille la plus courte est désigné.

Choix aveugle

Voici un petit jeu très utile quand il s'agit, pour chaque chef d'équipe, de recruter des partenaires. Les joueurs doivent rester bien silencieux tout au long de la sélection.

1 Les deux chefs d'équipe se placent face aux joueurs. Un troisième joueur tourne le dos aux autres (il peut aussi fermer les yeux) : il sera le sélectionneur « aveugle ».

2 Tour à tour, les joueurs touchent l'épaule du sélectionneur, qui donne le nom du chef d'équipe que les joueurs doivent rejoindre.

Conseil
Si les joueurs (y compris « l'aveugle ») sont en nombre pair, le sélectionneur rejoint l'équipe où il manque un joueur. S'ils sont en nombre impair, il rejoint par exemple celle qui est composée des joueurs les plus jeunes.

1, 2, 3, c'est toi !

Ces petites formules permettent de sélectionner ou d'éliminer des joueurs au hasard.

1 Former un cercle. L'un des joueurs, sans se déplacer, fait le geste de compter chacun en récitant la comptine. Il prononce une syllabe par joueur.

2 Le joueur sur qui tombe la dernière syllabe est sélectionné. Si on joue pour éliminer des joueurs, il faut répéter la comptine jusqu'à ce qu'il ne reste plus qu'un seul joueur.

Exemples :

Un deux trois – de bois,
Quatre cinq six – de buis,
Sept huit neuf – de bœuf,
Dix onze douze – de bouse,
Va-t'en à Toulouse !

Je fais de la bouillie,
Pour mes petits cochons,
Pour un,
Pour deux,
Pour trois,
Pour quatre,
Pour cinq,
Pour six,
Pour sept,
Pour huit,
Pour neuf,
Bœuf !

Pain un, pain deux, pain trois, pain quatre,
pain cinq, pain six, pincette.

Une aile, deux ailes, trois ailes, quatre ailes,
cinq ailes, six ailes, c'est elle !

Quand serons-nous sages ?
Jamais, jamais, jamais !
Quand serons-nous diables ?
Toujours, toujours, toujours !
La terre nourrit tout,
Les fous avec les folles,
La terre nourrit tout,
Les folles avec les fous.

Une comptine, c'est une mini-histoire souvent absurde ou une petite poésie. On l'appelle aussi disette, raconte-roûle ou amusiotte... Dans ces jeux de sélection, elle sert à la fois à *conter* une histoire et à *compter* les joueurs : la comptine porte donc bien son nom !

Histoire des jeux

Certains jeux traditionnels ont eu un tel succès qu'ils ont traversé les siècles pour arriver jusqu'à nous sans grands changements. C'est dire s'ils sont amusants ! Ces jeux possèdent une histoire et elle mérite d'être racontée.

Les jeux de stratégie

L'histoire des jeux de société commence réellement avec les premiers plateaux de jeux transportables. Auparavant, la surface de jeu était gravée à même la pierre, sur le sol. Puis, entre le troisième et le quatrième millénaire avant J.-C., on se met à la représenter sur des plateaux. Ces plateaux sont faits de bois ou d'autres matériaux légers : on peut donc jouer partout... Leur seul inconvénient, c'est qu'ils sont fragiles : ils ont presque tous disparu aujourd'hui ! L'un de ces jeux de stratégie les plus anciens est l'alquerque (voir page 100), originaire du Moyen-Orient ; on en a retrouvé des traces sur un temple égyptien datant du XIVe siècle avant J.-C. Dans deux pays voisins, au Sahara et au Soudan, on a trouvé un autre jeu très vieux, l'hyène (voir page 102)... Voilà des jeux qui reviennent de loin. C'est à croire que les plus anciens et les plus exotiques sont aussi les meilleurs !

Les dés et les osselets

L'origine des jeux de hasard est obscure et lointaine. On sait que les osselets sont apparus en Europe Centrale entre la fin du Ve et le début du IVe siècle avant J.-C. Comme les dés, ils ont servi à la divination : devant le peuple rassemblé, un grand prêtre interrogeait les Dieux puis lançait les dés ou les osselets. Il interprétait alors le résultat pour connaître la réponse. Les Arabes aussi utilisaient les dés ; d'ailleurs, le mot français hasard vient de l'arabe « az-zahr » qui signifie « dé ». Les Romains jouaient déjà à des jeux de hasard comme « tête ou bateau » (l'équivalent de pile ou face), un côté de la pièce figurant l'empereur, un autre représentant un bateau. Ils aimaient particulièrement jouer aux dés et aux osselets. En os, bien-sûr, mais aussi en or, en bronze, en bois, en marbre, en terre cuite, en verre et même en pierre précieuse...

on fabriquait des osselets de toutes sortes ! Les Grecs puis les Romains s'amusaient beaucoup dans des maisons de jeu (les ancêtres illicites des casinos) et misaient beaucoup d'argent. Perdre était souvent synonyme de ruine : un empereur dut ainsi transformer son palais en maison de jeu pour renflouer le trésor qu'il avait dilapidé aux dés !

Si, dès l'Antiquité, les jeux de hasard et d'argent étaient suspects, au Moyen Âge ils passaient pour diaboliques... à tel point qu'un des plus fameux jeux de dés s'appelait le momon (un des noms du diable) et qu'on y jouait masqué ! À la Renaissance, les osselets possédaient toujours une sombre réputation, comme l'atteste cette phrase de Léonard de Vinci, en forme de prophétie : « On verra les os des morts changer d'un coup les fortunes des vivants » !

L'Église catholique tenta bien d'interdire ces jeux d'argent, mais comment faire quand les rois de France eux-mêmes donnaient le mauvais exemple ? Car du XVIe au XVIIIe siècle, ces derniers aimaient jouer, Henri IV et Louis XIV en particulier !

Les cartes

Les cartes à jouer apparaissent à la fin du XIVe siècle en Europe (elles ont aussi existé en Chine). Elle sont peut-être d'origine arabe, puisque des inventaires du XVe siècle mentionnent des cartes islamiques. Quoi qu'il en soit, certains interprètent les couleurs de nos cartes à jouer actuelles comme des symboles des différents corps d'une armée : le cœur incarne la noblesse, le pique l'épée du chevalier, le carreau la pointe de la lance du soldat, et le trèfle... l'intendance, qui avait en charge le fourrage des chevaux. Jouer aux cartes, c'est donc livrer bataille !

Les jeux des grands

De nos jours, certains jeux sont réservés aux enfants, alors qu'il y a deux siècles, en France, tout le monde y jouait ! Les adultes jouaient, par exemple, à colin-maillard (voir page 165), encore un jeu qui vient de l'Antiquité, à la mourre ou à la main chaude (voir pages 16 et 17). Au XVIIIe siècle, les grands s'amusaient autant que les petits. Dans les salons privés de la noblesse, on jouait avec les mots le plus sérieusement du monde, on faisait des anagrammes (voir page 48) comme les Grecs et les Romains, on jouait à cache-cache dans les jardins et ce n'est pas parce qu'on savait rire qu'on n'était pas respectable !
Si tous ces jeux restent si populaires, c'est qu'ils sont très distrayants. Alors, comme les anciens, les Égyptiens ou les rois de France... Vite, jouons !

Pour se distraire à tout moment de la journée, les jeux ne manquent pas !

Rien de tel que de jouer avec les mots : pour remplir son panier de sonorités ou décrire une personne sans la nommer, il faut se creuser la tête ou même être poète.

Et si on n'aime pas les rimes ? On peut se prendre pour un garçon de café, tester ses sens et sa mémoire, jouer à la chasse en cercle… Et quand on n'est que deux ? On joue avec les mains, on avance pied à pied, il suffit d'être agile ou de savoir compter ! Pour jouer en toutes circonstances, voici les petits jeux : il y en a pour tous les goûts !

Petits jeux

À deux mains

À vos mains, prêt, partez ! Pour jouer avec ses mains en toutes circonstances, voici des petits jeux de rapidité et de hasard où il s'agit d'avoir de la chance... à moins d'être un grand devin !

Chi-fou-mi

dès 6 ans

2

quelques minutes

But du jeu
C'est avant tout un jeu de hasard et de rapidité où il s'agit de marquer des points sur son adversaire.

1 Les deux joueurs se font face, les mains dans le dos.

2 Compter ensemble jusqu'à trois (on peut aussi crier « Chi ! Fou ! Mi ! ») et tendre la main dans l'une des trois positions suivantes :

Caillou

Ciseaux

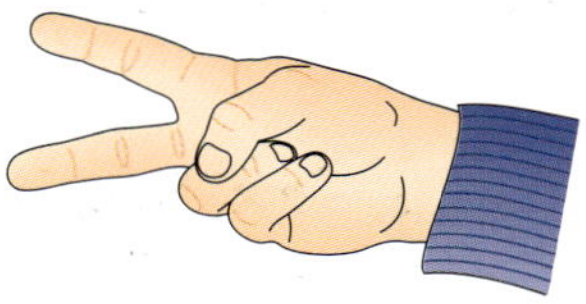

Feuille de papier

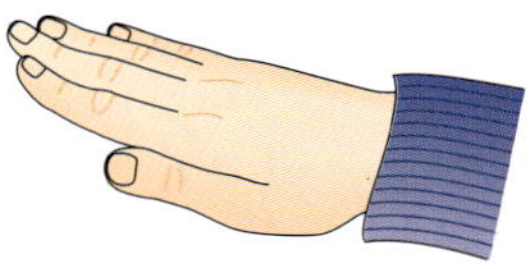

L'élément le plus fort marque un point car...
- le papier recouvre le caillou,
- le caillou casse les ciseaux,
- les ciseaux coupent le papier.

En revanche, si les deux joueurs font le même signe, aucun point n'est marqué.

3 Le premier joueur qui totalise 3 points a gagné. Mais on peut aussi faire durer le plaisir jusqu'à 10 points !

Ce jeu très ancien vient du Japon. Il est également connu, chez nous, sous le nom de Caillou, papier, ciseaux.

Le puits

dès 6 ans — 2

quelques minutes

Ce jeu se joue comme le Chi-fou-mi, mais avec un signe supplémentaire, le puits.

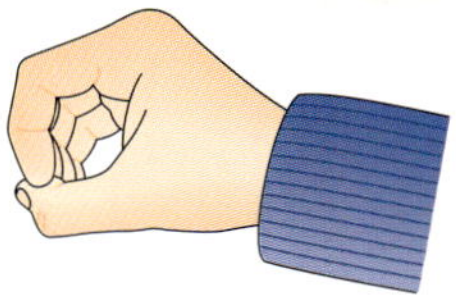

L'élément le plus fort marque 1 point car...
- le papier recouvre le caillou ainsi que le puits,
- les ciseaux coupent le papier et tombent au fond du puits,
- le caillou casse les ciseaux et tombe dans le puits.

En revanche, si les deux joueurs font le même signe, aucun point n'est marqué.

Le premier joueur qui totalise 5 points a gagné !

Chi-fou-mi et puits en chaîne

dès 10 ans — 10 et plus

durée illimitée

But du jeu
Le Chi-fou-mi ou le Puits peuvent aussi se jouer à plusieurs. Il faut faire preuve de rapidité et ne pas se bousculer.

1 Former une chaîne de plusieurs joueurs assis face à face.

2 Les joueurs commencent à jouer au Chi-fou-mi ou au Puits, deux par deux. Plusieurs parties se déroulant en même temps, chacun joue à son rythme.

3 Chaque gagnant se lève et part vers la fin de la chaîne en passant au-dessus de ses camarades qui, eux, poursuivent leur partie. Il s'arrête dès qu'il trouve une place vacante et s'assoit. La chaîne peut ainsi progresser.

4 Le perdant, quant à lui, ne change pas de place ; il peut éventuellement se retourner pour faire face à un nouveau partenaire. Celui qui arrive en bout de file s'assoit face à un autre joueur, ou attend un nouveau partenaire s'il est seul.

5 Selon le nombre de joueurs et la durée de jeu souhaitée, chaque partie entre deux joueurs peut être limitée à 3 points.

Coups de mains

Pour jouer avec les mains, il faut de bons réflexes ! Mains qui claquent, mains tendues, à ce rythme, pas le temps de se reposer, les gagnants finiront épuisés... s'ils restent concentrés !

La mourre

dès 7 ans — 2

quelques minutes

But du jeu
Il s'agit d'essayer de deviner ce que va annoncer l'adversaire pour marquer des points.

1 Les partenaires se font face, debout, les mains dans le dos.

2 Chaque joueur donne en même temps un chiffre entre 1 et 10.

3 Les deux joueurs tendent simultanément la main droite devant eux, en montrant un nombre quelconque de doigts. Le zéro est désigné par le poing fermé ou *morra* (la mourre).

4 Le joueur qui a annoncé un chiffre égal au total des doigts présentés par les deux joueurs marque 1 point. Le décompte des points se fait de la main gauche.

5 Une partie se joue généralement en 5 points. Attention, on additionne uniquement le nombre de doigts montrés et non pas les chiffres annoncés.

Main chaude

dès 6 ans — 2

quelques minutes

But du jeu
Ce jeu de rapidité exige de bons réflexes pour esquiver ou devancer l'adversaire... Faire preuve de force n'aide pas à gagner !

1 Les deux joueurs sont debout, face à face.

2 L'un des joueurs tend les mains, paumes tournées vers le ciel. L'autre place les siennes au-dessus, paumes tournées vers le sol.

3 Le premier joueur doit frapper les deux mains de son adversaire avant que celui-ci ne s'esquive.

4 Les rôles s'inversent quand le « frappeur » a touché les mains de son adversaire.

5 Chaque frappe marque 1 point ; le premier joueur qui en totalise 3 remporte la victoire !

Conseil
Si ce jeu s'appelle la « main chaude », c'est qu'on esquive les mains de l'adversaire comme si elles étaient brûlantes. Mais c'est aussi parce qu'à force de se frapper les paumes, les adversaires finissent les mains en feu ! Attention, donc, à ne pas taper trop fort et à ne pas jouer trop longtemps... sous peine d'avoir les mains rouges comme des charbons ardents !

Main chaude aveugle

dès 6 ans — 4 à 12

durée illimitée

But du jeu
Sans nulle autre aide que sa perspicacité, le joueur « aveugle » doit reconnaître qui se cache derrière la caresse, la gratouille ou la chiquenaude...

1 L'un des joueurs cache son visage sur les genoux d'un autre joueur assis devant lui, de façon à ne pas voir ceux qui l'entourent. Il place ses mains ouvertes derrière son dos.

2 Les autres joueurs viennent tour à tour frapper dans ses mains.

3 Le joueur assis doit reconnaître celui qui l'a touché. Quand l'un des frappeurs est démasqué, il prend la place du joueur aveugle.

Par hasard

1, 2, 3, voilà ton portrait ! Portrait flatteur ou déformé, tout dépend du chiffre demandé. Pile ou face, qui des deux l'emportera ? Dans ces jeux-là, c'est le hasard qui décidera.

Combien veux-tu ?

dès 6 ans

2

15 minutes

papier, 8 feutres ou crayons de couleur

But du jeu

Ce jeu de pliage qui demande un peu de dextérité est d'abord un jeu de portrait. Il sollicite l'imagination pour inventer qualités et défauts amusants... C'est le hasard qui les combinera.

Fabriquer la salière

1 Découper un carré dans une feuille de papier. Plier la feuille en deux, dans un sens puis dans l'autre. Bien marquer les plis.

2 Déplier le carré et rabattre les quatre coins vers le centre. Retourner le nouveau carré ainsi obtenu et recommencer la même opération sur l'envers.

3 Afin de marquer les plis, plier en deux le carré obtenu, le rouvrir puis le replier dans l'autre sens et le rouvrir.

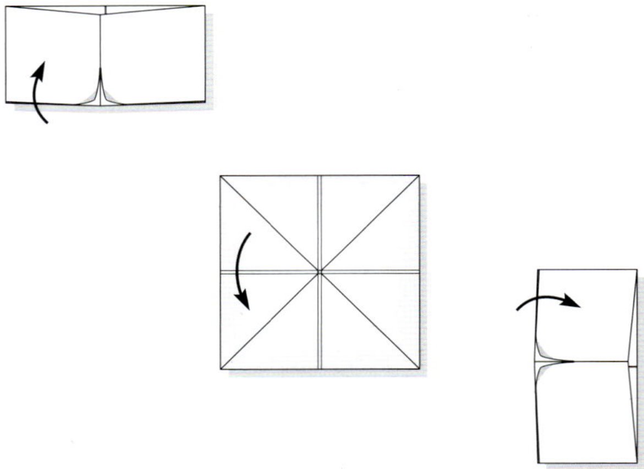

4 Colorier les triangles avec des couleurs différentes. Déplier les pointes du carré, et inscrire sur la face intérieure des triangles une phrase ou un mot différents à chaque fois. Reformer le carré. Le jeu peut commencer.

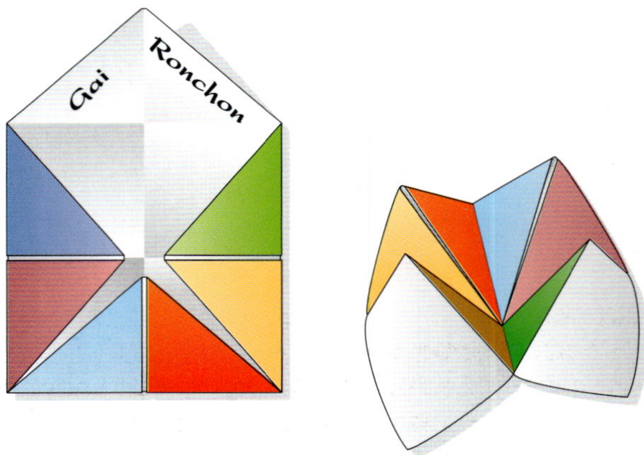

Jouer

1 L'un des joueurs prend la salière en écartant sa base et en glissant le pouce et l'index de chaque main par-dessous.

2 Le joueur demande à son partenaire « Combien veux-tu ? ». Celui-ci répond par un nombre.

3 Le premier joueur ouvre la salière le nombre de fois indiqué par son partenaire. Il lui demande ensuite de choisir une couleur en lui montrant les quatre triangles qui apparaissent.

4 Le joueur soulève le triangle de la couleur désignée et lit à l'autre joueur ce que le sort lui attribue.

Exemples

Le choix est varié : « mystérieux », « amoureux », « soupe au lait », « ronchon »...
Ou pourquoi pas : « brillant comme une ampoule grillée », « rapide comme un mille-pattes à roulettes », « doux comme une pelote d'épingles », « gai comme un arc en ciel », etc.

Ce pliage porte le nom de salière, car il peut contenir sel, poivre ou sucre une fois retourné.

Pile ou face

dès 6 ans — 2

quelques minutes

1 pièce de monnaie

But du jeu

Il s'agit de lancer une pièce en l'air et de parier sur la face où elle retombera. Ce jeu de hasard immémorial sert traditionnellement à choisir entre deux possibilités.

1 Le premier joueur lance une pièce de monnaie en l'air en la faisant tournoyer.

2 Le deuxième joueur dit « pile » ou « face » avant que la pièce ne retombe. Le lanceur parie par défaut sur l'autre côté.

3 Le joueur qui a parié juste marque 1 point. C'est au tour du second joueur de lancer la pièce en l'air.

4 La partie se termine quand l'un des joueurs totalise 5 points.

Jeux de pieds

Avec ou sans souliers, pour arriver premier, sauras-tu mesurer ? Voici des petits duels très courts qui se déroulent à pieds joints ou sur les pointes... À vos marques, pieds, partez !

Pas à pas

dès 6 ans

2 ou 4

quelques minutes

But du jeu
Chaque joueur doit tenter de « marcher » le premier sur le pied de son adversaire. Pour cela, il faut mesurer visuellement la distance à parcourir et anticiper pour ne pas se faire piéger.

1 Deux joueurs se prennent la main droite, tirent et se lâchent pour se séparer.

2 L'un après l'autre, les joueurs avancent, chaque pas devant toucher le précédent. Les joueurs peuvent aussi avancer sur la pointe des pieds.

3 Pour gagner, l'un des joueurs doit recouvrir au moins un tiers du pied de son adversaire. Si ce n'est pas le cas, ou si les deux pieds arrivent bout à bout, les joueurs recommencent.

Les sauterelles

dès 6 ans — 2

quelques minutes

But du jeu
Pour pouvoir sauter le premier sur les pieds de l'adversaire, il faut mesurer visuellement la distance entre les deux joueurs.

1 Les deux joueurs sont placés à plusieurs mètres l'un de l'autre.

2 Après avoir déterminé celui qui commencera, les joueurs sautent à pieds joints, l'un après l'autre, en direction de leur adversaire.

3 Le premier joueur qui réussit à sauter sur les pieds immobiles de l'autre joueur marque 1 point.

Conseil
Il est préférable que les joueurs soient de même poids et portent le même genre de chaussures.

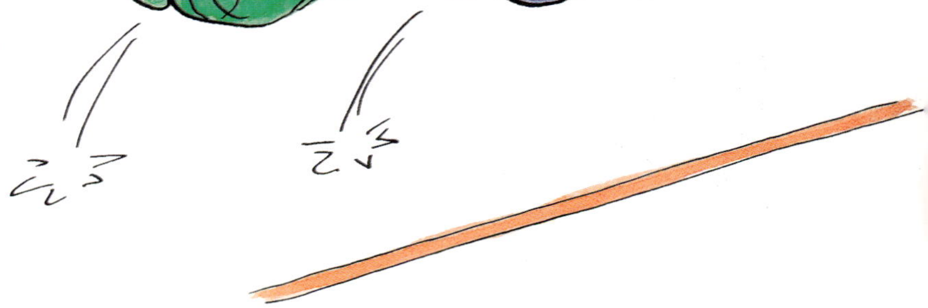

Ce jeu très ancien est bien connu sous le nom de course en sac, mais l'allure des joueurs quand ils sautent est très proche de celle du kangourou...

Les kangourous

dès 6 ans — 2 et plus

quelques minutes

sacs ou duvets

But du jeu
La course en sac exige de l'équilibre pour arriver premier sans chuter.

1 Après avoir enfilé leur sac ou leur duvet, les joueurs se placent les uns à côté des autres sur une ligne de départ.

2 Le signal donné, ils avancent en sautant le plus vite possible vers la ligne d'arrivée.

3 Le joueur qui atteint le premier la ligne d'arrivée est proclamé vainqueur. Si deux joueurs arrivent en même temps, ils peuvent rejouer pour se départager.

Mots piégés

Chacun sait que les pigeons volent, que les chats marchent et que les baleines nagent, mais il suffit d'être un peu distrait pour que les poissons se mettent à marcher sur leurs nageoires...

Pigeon vole

dès 6 ans

3 et plus

15 minutes

But du jeu
Une bicyclette vole-t-elle ? Pour jouer sans se tromper, il faut être logique et rester éveillé !

1 Le meneur de jeu fait face aux joueurs. Il choisit un nom associé au verbe « voler » en levant l'index. Par exemple, « Concorde vole », « bicyclette vole », « cochon vole ». La succession des mots doit être rapide.

2 Si le nom proposé vole effectivement, les joueurs doivent également lever l'index. En revanche, ils ne doivent pas réagir si le sujet ne vole pas.

3 Un joueur qui se trompe trois fois est éliminé. Le dernier joueur qui a réussi à ne pas se tromper a gagné.

Variante
On peut aussi jouer à Canard nage. Les joueurs ne doivent se manifester que lorsque le sujet proposé nage. On peut aussi choisir d'autres verbes d'action : flotter, rouler, etc.

Air, terre, mer

dès 6 ans

3 et plus

durée illimitée

1 craie (facultatif)

But du jeu
Dans ce jeu d'attention, les participants doivent veiller à ne pas se laisser tromper par le meneur.

1 Tous les joueurs se placent côte à côte derrière une ligne tracée à la craie ou matérialisée par une lame de parquet.

2 Le meneur prononce à haute voix les mots « air », « terre » ou « mer », dans l'ordre de son choix.

3 Chaque mot correspond à un déplacement :
- « air » : les joueurs sautent sur place,
- « terre » : les joueurs reprennent leur position de départ,
- « mer » : les joueurs sautent à pieds joints de l'autre côté de la ligne.

Si la partie commence par « terre », les joueurs ne bougent pas.

4 Le meneur peut répéter plusieurs fois la même consigne ou alterner les ordres très rapidement pour faire en sorte que les joueurs se trompent.

5 Chaque erreur équivaut à 1 point. La partie s'arrête quand un joueur a comptabilisé 5 points. Celui qui a marqué le moins de points devient alors meneur à son tour.

Variante
Où habitent-ils est une variante de Air, terre, mer qui stimulera autant l'inventivité du meneur que les réflexes des participants.
Une fois les joueurs placés derrière la ligne tracée au sol, le meneur annonce des noms d'animaux. Les joueurs doivent alors se déplacer en fonction de l'élément où vivent les animaux en question : l'air, la terre ou la mer.

Jeux de rimes

Pour jouer au corbillon, à casquette ou panier, il faut être un peu poète. Peu importe les pieds, il faut savoir rimer... et bien tendre l'oreille. Dans mon corbillon, pas de distraction !

Le corbillon

dès 6 ans

3 et plus

15 minutes

But du jeu
Ce petit jeu de rime est aussi un jeu de mémoire, car pour ne pas être éliminé, il faut se souvenir de ce que les autres joueurs ont dit !

1 Les joueurs sont assis par terre et forment un cercle.

2 En joignant les mains pour former une petite corbeille, l'un d'eux demande à son voisin de droite : « Dans mon corbillon, qu'y met-on ? ».

3 Le joueur voisin doit répondre par un mot qui se termine par « on ». À son tour, il pose la question au voisin suivant, et ainsi de suite.

4 Si un joueur hésite trop longtemps, se trompe ou répète un mot déjà cité, il est éliminé et c'est le joueur suivant qui présente le corbillon. Le dernier joueur qui reste en jeu a gagné.

Exemples
Voici quelques échantillons de mots en « on » pour se mettre en condition : « caleçon, dindon, édredon, héron, impression, jonc, location, maison, non, opinion, question, rançon, santon, tire-bouchon, vision, wagon... ».

Conseil
Les joueurs décideront en début de partie si les noms propres sont acceptés pour faciliter le jeu.

Casquette ou panier

Sur le même principe, le jeu du Corbillon peut se décliner à l'infini. Il suffit d'opter pour une rime différente. On peut aussi décider d'introduire (ou d'interdire) des noms propres, des noms étrangers ou des noms composés.

Exemples
« Saperlipopette ! Dans ma casquette que faut-il que je mette ? »
« Des allumettes, une bicyclette, une fête, une disquette, du papier-toilette... ».
« Dans mon panier que peut-on plier ? »
« Du papier, un évier, un fin limier, un fermier, un denier... ».

Je te donne mon mouchoir

dès 6 ans

3 et plus

15 minutes

But du jeu
Pour inventer une histoire rimée, il faut former chacun une phrase complète qui reprend celle du voisin.

1 Les joueurs sont assis en cercle.

2 Le premier joueur dit à son voisin de gauche : « Je te donne mon mouchoir ».

3 Ce second joueur demande au troisième : « Pourquoi me donne-t-il son mouchoir ? ».

4 Le troisième joueur répond par une phrase qui reprend la question et qui se termine par une rime en « oir ». Le joueur suivant enchaîne avec une question et ainsi de suite.

Exemple
« Je te donne mon mouchoir... Pourquoi me donne-t-il son mouchoir ?... Il te donne son mouchoir parce qu'il l'échange contre un entonnoir !... Pourquoi l'échanger contre un entonnoir ?... Il l'échange contre un entonnoir parce qu'il veut le revendre à la foire... Pourquoi à la foire ? etc. »

Variante
Sur le même principe, on peut également utiliser les formules comme : « je te donne une ceinture », « je te donne mon chapeau », etc.

Jeux de mots

Savez-vous tipoter ? Savez-vous qu'au marché, on ne peut tout acheter ? Le sens et le son des paroles n'ont rien à voir dans ces trois petits jeux de mots tordus et tordants !

Au marché de Padi-Pado

dès 8 ans — 3 à 10

15 minutes

But du jeu

Pour ne pas se faire piéger, il s'agit d'identifier l'astuce du jeu. Jeu de lettres ou jeu de sons... les deux sont permis.

1 Sans explication, le meneur demande aux autres joueurs : « Monsieur le Curé se rend au marché de Padi-Pado. Qu'en rapporte-t-il ? ».

2 Chaque joueur propose tour à tour une denrée.

3 Selon la réponse, le meneur répond soit : « Tu peux, toi aussi, te rendre au marché de Padi-Pado ! » soit « Désolé, tu ne peux pas te rendre au marché de Padi-Pado ! ».

4 Les joueurs tentent leur chance à plusieurs reprises, jusqu'à ce qu'ils aient compris le truc. Toutefois, ils ne doivent pas le révéler.

5 Ceux qui rapporteront de la *crème*, du *blé*, du *détergent*... auront gagné, car les mots employés ne comprennent ni la lettre « i », ni la lettre « o » (pas d'« i », pas d'« o »).

En revanche, ceux qui rapporteront du *pain*, de la *lessive*, des *noix*... auront perdu.

Il faut déjà savoir bien écrire pour repérer les lettres « i » ou « o » dans moutarde, raisin ou savon. En cas d'allergie à l'orthographe, on pourra simplement interdire les mots comportant les sons « i » et « o ».

Tipoter

dès 8 ans — 3 à 10 — 15 minutes

But du jeu
En s'aidant de questions, il s'agit de deviner le mot choisi par les autres joueurs.

1 L'un des joueurs sort de la pièce.

2 Les autres joueurs choisissent un verbe d'action.

3 Le joueur revient et doit deviner le verbe choisi en posant des questions. Pour cela, il ne peut utiliser que le mot *tipoter*.

4 Les joueurs interrogés répondent par « oui » ou par « non ». Si l'action est difficile à trouver, ils peuvent rajouter un bref commentaire.

Exemples
« Est-ce que l'on fait du bruit quand on *tipote* ? », « Est-ce l'on peut *tipoter* la bouche fermée ? ».

Le nom de ce jeu vient de l'anglais *tea pot*, le pot à thé !

Il ne faut pas confondre...

dès 8 ans — 3 à 10 — 15 minutes

But du jeu
Ce petit jeu de contrepèteries demande un peu de réflexion au préalable, car il faut déjà penser à la solution avant d'annoncer sa phrase !

1 Un premier joueur annonce une phrase.

2 L'un de ses camarades tente de lui trouver un autre sens.

Exemples
« Il ne faut pas confondre les pains n'ont pas de mie... et les mains n'ont pas de pis » ou « Il ne faut pas confondre le maire de Paris et... le père de Marie » ou « Le sourd fend le bois et... le four sent le bois »...

Qui est-ce ?

Comment désigner quelqu'un sans le nommer ?
En brossant son portrait ! Mais pour bien décrire, il faut savoir observer... et pour deviner, il faut bien questionner.

Le portrait

dès 8 ans

3 à 10

15 minutes

But du jeu
En posant des questions de plus en plus précises, l'un des joueurs doit cerner le personnage choisi par les autres joueurs.

1 L'un des joueurs sort de la pièce où se déroule le jeu.

2 Les autres joueurs choisissent ensemble une personne célèbre (acteur, sportif, etc.).

3 Le joueur revient. En posant une question à chaque joueur qui lui fait face, il doit deviner le nom du personnage choisi. Les autres joueurs ne peuvent répondre que par « oui » ou par « non ».

Portrait chinois

dès 8 ans
3 à 10
15 minutes

But du jeu
Par recoupements et analogies, le joueur doit deviner le nom de la personne choisie par ses camarades. C'est un jeu de déduction et d'analyse où il faut impérativement faire preuve de logique pour gagner du temps !

Le jeu se déroule comme le jeu du portrait. Mais, au lieu de poser des questions auxquelles les autres joueurs ne pourront répondre que par « oui » ou « non », le joueur pose des questions du type « Si c'était un... ce serait quoi... ».

Exemple
– Si c'était une époque ?
– Ce serait le XIXe siècle.
– Si c'était un lieu ?
– Ce serait le Far West.
– Si c'était un animal ?
– Ce serait un cheval.
– Si c'était un objet ?
– Ce serait un revolver.
– Si c'était un métier ?
– Ce serait cow-boy solitaire !
Vous aurez bien sûr reconnu Lucky Luke !

Portrait initiales

dès 10 ans
5 à 12
15 minutes
papier et crayon

But du jeu
Il faut découvrir le nom d'un personnage en décomposant son nom lettre par lettre, chacune correspondant à un personnage qu'il faut deviner.

1 Un joueur s'absente et les autres choisissent un personnage dont le nom doit être composé d'autant de lettres qu'il y a de participants.

2 Chaque joueur choisit une lettre du nom. Il va incarner un personnage dont le nom commence par cette lettre.

3 Le joueur qui s'est absenté pose la question suivante : « Initialement, qui es-tu ? ». Les joueurs répondent les uns après les autres, dans l'ordre. Pour découvrir rapidement qui est le personnage masqué, le « questionneur » notera les initiales sur un papier.

Exemple
1. « Je suis le joueur de foot le plus célèbre de Marseille ».
2. « Je suis le gros copain d'Astérix ».
3. « Je suis l'un des plus grands poètes français et je me prénomme Arthur ».
4. « Je suis le personnage costaud et viril interprété au cinéma par Sylvester Stallone ».
5. « Je suis la femme de Popeye ».

Avec les premières lettres de Zidane, Obélix, Rimbaud, Rambo et Olive, on recompose ZORRO.

Quelle histoire !

Raconter une histoire à son voisin, c'est facile. Encore faut-il se souvenir de tous les détails... Et que devient l'histoire, trente-six fois répétée ? Ça, c'est encore une autre histoire !

Le téléphone arabe

dès 6 ans

5 et plus

15 minutes

But du jeu
Ce petit jeu nécessite une bonne dose d'attention car il se joue vite. Et, même si l'on n'a pas compris ce que son voisin vient de dire, déformer le message fait aussi partie du jeu !

1 Les joueurs sont assis côte à côte, en chaîne. Le premier de la file commence en chuchotant rapidement une phrase à l'oreille de son voisin.

2 Le deuxième répète ce qu'il a entendu à l'oreille du joueur suivant, en parlant le plus bas et le plus vite possible, et ainsi de suite.

3 Quand le message parvient au dernier joueur, celui-ci le répète à voix haute. Le premier joueur annonce alors le message initial. La déformation est souvent très surprenante !

Grimaces

dès 6 ans

5 et plus

quelques minutes

But du jeu

Les joueurs doivent faire des grimaces sans céder au fou rire.

1 Le jeu commence comme le téléphone arabe. Les joueurs forment un cercle.

2 Le premier joueur annonce à son voisin une phrase la plus idiote possible accompagnée d'une grimace.

3 Tour à tour, les joueurs répètent la phrase et reproduisent la grimace le plus fidèlement possible tout en gardant leur sérieux. Celui qui éclate de rire doit faire repartir le jeu avec une nouvelle phrase et une autre grimace.

Dernière nouvelle !

dès 6 ans

5 et plus

15 minutes

But du jeu

Dans ce jeu d'attention, les joueurs doivent retenir tous les détails de l'histoire qui leur est racontée pour pouvoir la répéter à leur tour en y ajoutant une note personnelle.

1 Les joueurs sont assis côte à côte, en chaîne. Le premier joueur souffle à son voisin de droite une information brève trouvée dans un magazine ou une histoire courte et précise qu'il a inventée.

2 L'histoire est répétée de joueur en joueur jusqu'au bout de la chaîne, chacun rajoutant une information supplémentaire.

3 Le dernier joueur se lève et annonce l'histoire finale telle qu'il l'a comprise.

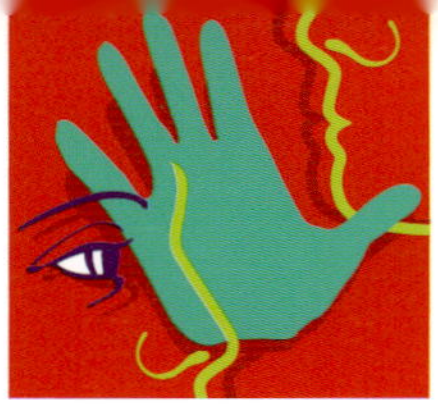

Multiples-sons

Quand les chiffres et les mots s'emmêlent, calculer devient un jeu d'enfant ! De fizz en buzz, les tables de multiplication provoqueront des fous rires... Qui a dit que le calcul était ennuyeux ?

Fizz

dès 8 ans — 4 à 12 — 15 minutes

But du jeu
Ce petit jeu d'attention est aussi un aide-mémoire amusant pour se souvenir des multiples du chiffre 5 !

1 Les joueurs sont assis en cercle. L'un des joueurs commence à compter en disant « 1 ».

2 Son voisin de droite enchaîne avec « 2 » et ainsi de suite jusqu'au cinquième joueur qui ne doit pas prononcer « 5 » mais « fizz ».

3 Les joueurs suivants continuent à compter. Dès qu'un joueur arrive à un multiple de 5, il doit remplacer le nombre par « fizz ».

4 Dès que l'on arrive à 55, le joueur concerné doit dire « fizz-fizz ».

5 Quand un joueur hésite trop longtemps ou qu'il se trompe, il a 1 point de pénalité.

6 Après 10 minutes de jeu, le joueur qui a le plus de points a perdu et a un gage (voir p. 178).

Variantes
Pour que le jeu soit plus spectaculaire, les joueurs peuvent se lever et se rasseoir très vite en prononçant « fizz ».

On peut aussi décider de poursuivre le jeu après chaque faute en partant d'un nombre compris entre 10 et 50 et en faisant un compte à rebours.

Buzz

Basé sur le même principe que Fizz, ce jeu consiste, cette fois, à ne pas prononcer de nombres contenant le chiffre 7, ainsi que les multiples de ce chiffre.

1 Les joueurs se mettent en place comme pour jouer à Fizz et commencent à compter. Tous les nombres contenant un 7 ou qui sont des multiples de 7 (comme 14, 21, etc.) sont remplacés par « buzz ».

2 Après deux tours complets, ajouter une nouvelle consigne : à chaque « buzz », inverser le sens du jeu (de la droite vers la gauche, puis de la gauche vers la droite).

3 Si les joueurs parviennent jusqu'à 70, ils doivent annoncer « buzz-1 », « buzz-2 », etc.

4 Après 10 minutes de jeu, le joueur qui a le plus de points a perdu et a un gage (voir p. 178).

Buzz-fizz

dès 10 ans

4 à 12

15 minutes

But du jeu

Pour les joueurs entraînés, on peut compliquer le jeu, en associant « fizz » et « buzz », c'est-à-dire tous les nombres contenant un 5 ou un 7, ainsi que les multiples de ces deux chiffres. Cela demande beaucoup d'attention, et une concentration certaine !

1 Dans ce jeu, tous les nombres comprenant un 5, ainsi que les multiples de 5 sont remplacés par « fizz », et tous les nombres comprenant un 7 ainsi que les multiples de 7 sont remplacés par « buzz ».

2 À chaque fois que l'on arrive à « buzz », le sens du jeu change.

3 Attention, tous les multiples de 5 et de 7 comme 35, ou les nombres composés du 5 et du 7 comme 57 ou 75, doivent être remplacés par « fizz-buzz » ou « buzz-fizz ».

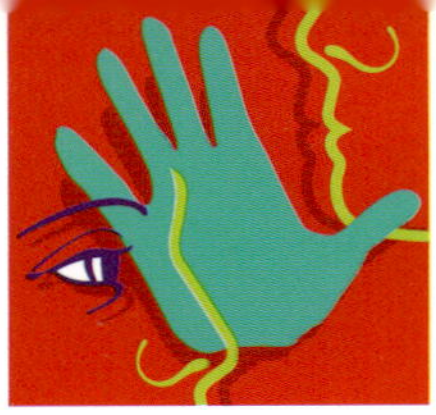

Trompe-l'œil

Écouter c'est gagner ! Voici en effet trois jeux où faits et gestes se contredisent... Gare aux mensonges du meneur : pour déjouer ses pièges, il faut bien tendre l'oreille.

Panof

dès 6 ans — 5 à 10
15 minutes — 1 table

But du jeu
Après avoir retenu les différents gestes, il ne faut pas se laisser troubler par le meneur qui peut faire le contraire de ce qu'il dit.

1 Les joueurs sont assis autour d'une table et regardent le meneur désigné au préalable.

2 Successivement, le meneur donne l'un des ordres suivants accompagnés de gestes.

- *« Piperlet »*

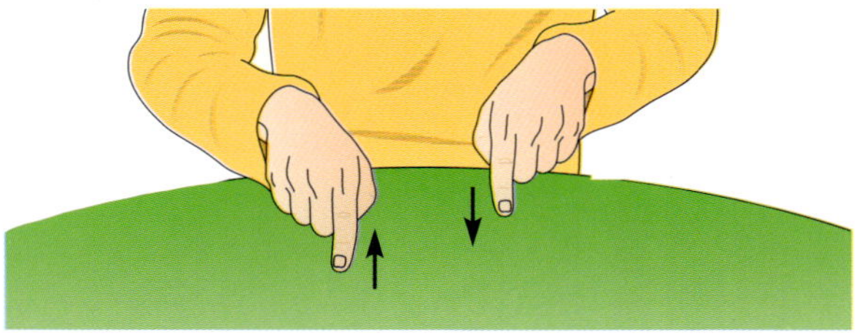

Tapoter alternativement sur la table avec ses index.

- *« Plat »*

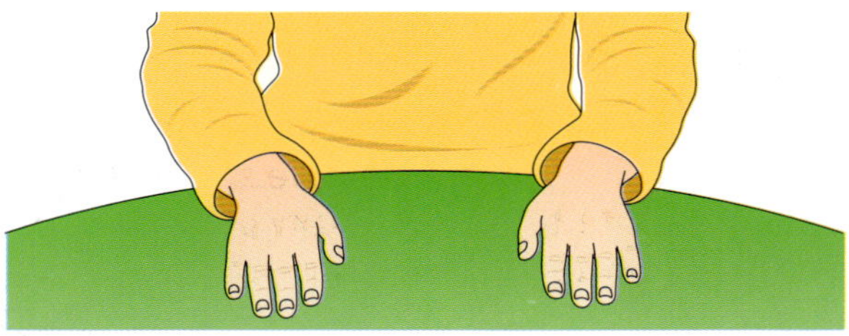

Poser les mains sur la table.

- *« Dos »*

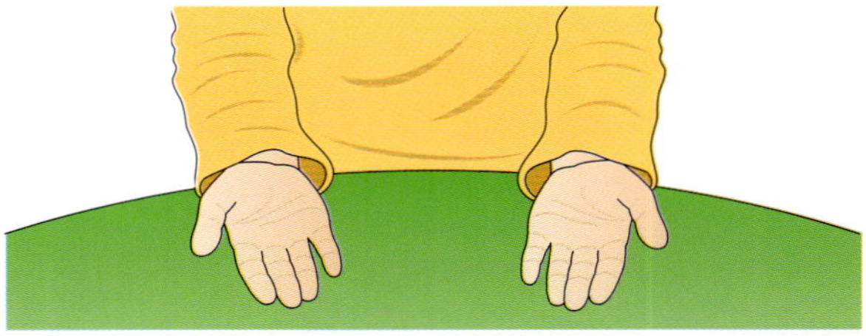

Poser les mains sur la table, paumes en l'air.

- *« Panof »*

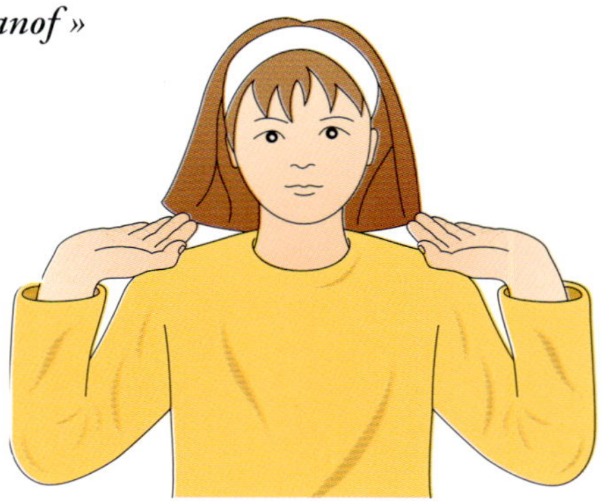

Lever les mains à hauteur des épaules, paumes en l'air.

3 Commencer par deux ou trois séries complètes pour bien assimiler les gestes.

4 Le meneur perturbe ensuite les consignes en effectuant des gestes différents de ceux qu'il annonce. Les joueurs qui se trompent sont éliminés.

Le nom de ce jeu vient de *pawn off* qui signifie *paume en l'air* en anglais. Il est aussi connu sous le nom de *Piperlet*.

Chacun son pot

dès 6 ans

5 à 15

quelques minutes

But du jeu
Les joueurs astucieux comprendront très vite que le meilleur moyen de gagner est de ne pas regarder le meneur, mais de bien l'écouter.

1 Les joueurs sont en cercle et regardent le meneur. Chaque joueur tient un pot de confiture imaginaire dans sa main droite.

2 Si le meneur dit :
- « chacun son pot », chaque joueur met l'index gauche dans le pot formé par sa main droite,
- « pot commun », chaque joueur plonge son doigt vers le centre du cercle comme s'il y avait un pot de confiture géant,
- « pot du voisin », chaque joueur se sert dans le pot de son voisin de droite ou de gauche.

3 Une fois que le jeu est compris, le meneur tente de tromper les joueurs en effectuant des gestes différents des ordres énoncés.

4 Les joueurs qui se trompent sont éliminés.

Le puits, le toit, les fenêtres...

Ce jeu est une variante de Chacun son pot : les joueurs ferment le poing gauche pour former un puits ; quand le meneur annonce : « Mon puits », chacun met le doigt dans son propre puits.

« Le toit », chacun se frappe le sommet de la tête. « Les fenêtres », chacun se touche les yeux. « La porte », chacun met la main devant la bouche. « Le puits de mon voisin », chacun met l'index dans le puits du voisin de droite.

Formule magique

Le meneur commande et les joueurs obéissent ! Mais attention, seulement s'ils ont entendu la formule magique... Voici donc trois jeux où les oreilles sont plus fiables que les yeux.

Jacques a dit

dès 6 ans

5 à 15

15 minutes

But du jeu
Dans ce petit jeu d'attention, il faut surtout veiller à ne pas se laisser troubler par le meneur qui tentera volontairement de tromper les joueurs.

1 Le meneur de jeu fait face aux joueurs. Il leur donne des ordres qui ne doivent être exécutés que s'ils sont précédés de la formule « Jacques a dit ». Tout joueur qui se trompe est éliminé. Pour induire les joueurs en erreur, le meneur fait lui-même les gestes qu'il annonce.

2 Pour compliquer le jeu et éliminer plusieurs joueurs à la fois, le meneur peut donner rapidement une série d'ordres avec ou sans « Jacques a dit ».

3 Le dernier joueur qui reste gagne la partie.

À mon commandement

dès 6 ans

5 à 15

15 minutes

But du jeu
Comme pour « Jacques a dit », il faut que le meneur prononce une formule magique : « À mon commandement... ». Les joueurs doivent aussi se méfier de ses gestes trompeurs.

1 Le meneur donne les ordres « assis » ou « debout ». Dans le premier cas, les joueurs doivent plier les genoux et se redresser immédiatement. Dans le second, ils ne doivent pas bouger.

2 Le meneur peut induire les joueurs en erreur en exécutant les mouvements inverses à ceux qu'il ordonne ou, tout simplement, en omettant de dire « à mon commandement » avant un ordre.

Fais ceci ! fais cela !

dès 6 ans

5 à 15

15 minutes

But du jeu
Il faut bien écouter ce que dit le meneur, ne pas se laisser surprendre et agir vite !

1 Le meneur fait un geste qu'il accompagne de la formule « fais ceci ! » ou « fais cela ! ».

2 Dans le premier cas, les joueurs doivent l'imiter, et dans le second rester immobiles.
Attention : les gestes les plus ordinaires sont ceux que l'on suit le plus facilement, comme par exemple regarder vers la gauche, renifler, éternuer, se gratter sous le nez, etc.

Mot tabou

Peut-on perdre pour un oui ou pour un non ? Bien sûr que oui... si l'on répond par non ! À ces jeux-là, il faut être bavard : les réponses les plus brèves ne sont pas acceptées.

Ni oui ni non

dès 6 ans — 2 et plus — quelques minutes

But du jeu
Voici un jeu qui demande un brin d'attention et d'imagination pour ne pas se laisser piéger par la malice et l'habileté de son adversaire !

1 Le meneur de jeu pose des questions très diverses à l'un des joueurs.

2 Le joueur interrogé ne doit répondre ni par « oui » ni par « non ». S'il se trompe, il est éliminé ; le meneur interroge alors un autre joueur.

Attention ! Le joueur interrogé ne peut répondre ni par des gestes ni même par le silence !

Variante
Pour compliquer le jeu, on peut utiliser d'autres couples de mots interdits : blanc et noir, grand et petit, etc.

Ni oui ni non interactif

dès 6 ans
2 et plus
quelques minutes
pions

But du jeu
Ce jeu est une variante du précédent. Mais, cette fois, plusieurs joueurs jouent en même temps. Des pions (allumettes, cailloux, etc.) sont utilisés pour compter les points.

1 Les joueurs se tiennent debout dans une pièce. Ils disposent de dix pions chacun.

2 On tire au sort les joueurs qui poseront une question en premier.

3 Les joueurs se déplacent et se questionnent alternativement sur n'importe quel sujet à un rythme rapide.

4 Celui qui répond par « oui » ou par « non » perd un pion.

5 Au terme du jeu, celui qui a conservé le plus de pions est déclaré gagnant.

Le mot interdit

dès 6 ans
2 et plus
10 minutes

But du jeu
Pour éviter de prononcer le mot interdit, le questionneur et le questionné doivent faire preuve d'imagination.

1 L'un des joueurs sort de la pièce. Pendant ce temps, les autres choisissent un mot (nom commun, adjectif ou verbe).

2 Le joueur absent revient et les autres ont 5 minutes pour le questionner de façon détournée afin de l'amener à prononcer le mot interdit sans le prononcer eux-mêmes.

3 Si le joueur interrogé croit avoir deviné le mot, il le propose, mais il n'a droit qu'à trois propositions. S'il tombe juste, il gagne 2 points et s'il n'a pas prononcé le mot au bout de 5 minutes de jeu, il gagne 1 point.

Exemple
Le mot interdit est *Légume* : « Qu'est-ce qui pousse dans ton jardin ? », etc.

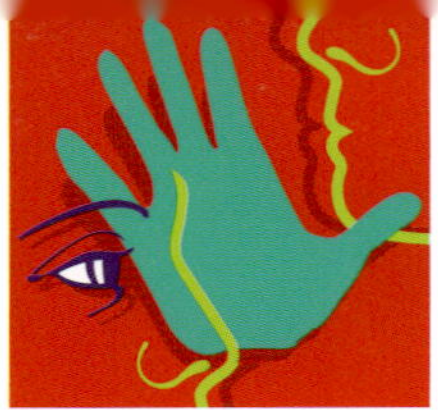

Touché !

Le temps d'un jeu, rien de plus drôle que de se prendre pour un animal. Pour survivre dans la nature, il faut connaître l'ennemi... et savoir l'esquiver. Tout est question de réflexe !

L'abeille et les bourdons

dès 6 ans | 3

5 minutes | 1 chapeau

But du jeu
L'abeille doit piquer les bourdons tandis que ces derniers tentent de faire tomber son chapeau.

1 Le plus grand des joueurs est désigné pour être l'abeille. Il porte le chapeau.

2 Les deux autres joueurs (les bourdons) se placent de chaque côté de l'abeille pour former une ligne, jambes écartées et pieds à pieds.

3 Le joueur de droite met sa main droite sur sa joue gauche, paume tournée vers l'abeille. De la même manière, le joueur de gauche met sa main gauche sur sa joue droite. Les deux joueurs ont l'autre bras derrière le dos.

4 L'abeille joint les mains tout en murmurant « bzzz » et tente de toucher la paume d'un des bourdons. Elle peut aussi utiliser des feintes pour y parvenir !

5 Quand elle a réussi à piquer, l'abeille tente de s'accroupir avant que les bourdons ne fassent tomber son chapeau.

Hiérarchie chinoise

dès 8 ans — 2 à 15

15 minutes

But du jeu
L'homme est plus fort que le fusil, qui est plus fort que le renard, qui est plus fort que l'homme : il s'agit de respecter cette hiérarchie sans se tromper !

1 Le meneur est debout au milieu des joueurs assis en cercle.

2 Avant de commencer, les joueurs retiendront les trois figures ci-dessous :

L'homme

Le fusil

Le renard

3 Le meneur effectue rapidement l'une des trois figures devant un joueur de son choix. Celui-ci doit répondre par un geste plus fort dans les 5 secondes.

4 Le meneur cède sa place si le joueur interrogé tarde ou se trompe. Sinon, il interroge un autre joueur.

L'abeille, le moineau et le chasseur

dès 6 ans — 3 et plus

15 minutes

But du jeu
Le joueur qui parvient à ne pas se faire attraper par son « prédateur » a gagné ! Pour cela, il faut bien sûr que les joueurs se mettent d'accord, dès le début du jeu, sur le type de prise (touché, enlacé, etc.).

1 Le chasseur, l'abeille et le moineau sont tirés au sort. Si les joueurs sont nombreux, ils se répartissent en trois groupes et portent un signe pour distinguer les chasseurs, les abeilles et les moineaux.

2 Les joueurs marchent tranquillement dans la pièce en comptant jusqu'à 5.

3 La course-poursuite commence alors : chaque chasseur tente d'attraper un moineau qui tente de manger une abeille qui tente de piquer un chasseur.

Mémento

Pour jouer avec la mémoire, rien de tel qu'un petit défi : quelle était la commande ? Qu'est ce qui a changé ou disparu ? Bien difficile à dire… Même pour les moins distraits !

Le garçon de café

dès 8 ans

5 à 15

quelques minutes

papier et 1 stylo

But du jeu
Le garçon de café doit retenir toutes les commandes sans se tromper, bien sûr !

1 Tirer le garçon de café au sort.

2 Les autres joueurs s'installent autour d'une table et entament une discussion animée.

3 Tandis que les autres joueurs continuent de parler, le garçon de café prend la commande sans toutefois la noter sur un papier. Il ne peut le faire que lorsque tous les joueurs ont commandé et seulement pour vérifier.

4 Pour compliquer la tâche du garçon, les joueurs peuvent apporter des précisions à leur commande, comme un verre de coca avec des glaçons, une limonade avec une rondelle de citron, une noisette (café avec une goutte de lait)…

Dans ma rue

Sur le principe du jeu précédent, on peut aussi essayer de se souvenir d'images ou de faits quotidiens. Les joueurs doivent pour cela posséder des références communes.

On peut, par exemple, essayer de se souvenir de la couleur des yeux de ses camarades, de se rappeler comment est habillé son voisin ou la boulangère du quartier, etc.

Qui m'a vu ?

dès 8 ans

2 à 15

15 minutes

divers objets

But du jeu
Difficile de se souvenir de tout ce que l'on voit... Un effort et les détails reviennent vite !

1 Placer une dizaine d'objets de formes, de couleurs et de tailles différentes sur une table.

2 L'un des joueurs est choisi et doit observer les objets très attentivement.

3 Le joueur sort. Pendant ce temps, les autres joueurs cachent un ou deux objets.

4 Quand il revient, le joueur doit dire quels objets ont disparu et les décrire en détail.

Variante
On peut aussi bander les yeux du joueur après lui avoir demandé d'observer attentivement la pièce dans laquelle il se trouve. Il doit ensuite donner le plus de détails possible.

Jeux de Kim

Gare aux nez qui coulent, aux mains pataudes et aux oreilles bouchées... Les sens sont la clef des jeux de Kim : sauras-tu reconnaître un objet sans le voir ?

Le toucher

dès 6 ans — 2 à 15

quelques minutes

divers objets

But du jeu
Le joueur désigné doit identifier un objet usuel simplement en le touchant.

1 Préparer un ensemble d'objets (pommes de pin, galets, livres, fruits, etc.) et les recouvrir d'un tissu.

2 Désigner un joueur et lui bander les yeux : il doit reconnaître l'objet qui lui est présenté en le palpant à travers la toile ou en glissant la main en dessous.

Variante
Le joueur peut aussi se tenir mains dans le dos. Il doit identifier les divers objets qu'on lui place dans les mains... Par exemple : du sable humide, de la semoule, des glaçons, une bogue de châtaigne, etc.

Ce jeu a pour origine le héros d'un roman de Rudyard Kipling, *Kim*. En Inde, les multiples aventures du jeune orphelin le conduisent à faire appel à tous ses sens.

L'ouïe

dès 6 ans — 2 à 15

quelques minutes

divers objets sonores

But du jeu
Il faut reconnaître un objet en écoutant le bruit qu'il fait... Alors, chut ! Plus un bruit !

1 L'un des joueurs se cache derrière un paravent avec des objets qui peuvent produire différents sons.

2 Un autre joueur désigné doit deviner de quoi il s'agit.

Exemples
Le joueur caché peut verser de l'eau, croquer dans une pomme, déchirer une feuille de papier ou encore remuer des clefs...

Le goût

dès 6 ans — 2 à 15

quelques minutes

aliments, assiettes ou bols, petites cuillères

But du jeu
L'un des joueurs doit deviner ce que les autres joueurs lui font goûter.

1 Préparer des bols contenant chacun un aliment : confiture, farine, moutarde, par exemple. Mettre une cuillère dans chaque bol.

2 Les yeux bandés, le joueur désigné doit identifier le contenu de chaque bol.

L'odorat

dès 6 ans — 2 à 15

quelques minutes

boîtes de pellicules photos

But du jeu
Le joueur doit faire appel à sa mémoire pour identifier ce qu'il sent.

1 Demander à un adulte de faire plusieurs trous à l'aide d'un clou dans le couvercle des boîtes de pellicules.

2 Placer des éléments odorants dans chaque boîte, comme du café, de l'herbe fraîchement coupée, différentes épices, du pain brûlé, de la menthe, etc.

3 Le joueur désigné doit reconnaître de quoi il s'agit.

Les jeux classiques et leurs nombreuses variantes méritent le détour.
Pour ceux qui aiment écrire, voici des jeux qui jonglent avec l'alphabet : même le vieux dictionnaire en devient amusant !
Il suffit de peu de chose pour s'amuser longtemps : avec des allumettes, par exemple, c'est fou comme on ne voit pas le temps passer… car relever le défi du marienbad ou du dix-sept n'est pas une mince affaire ! Pour qui préfère les cartes ou bien les dominos, la crapette ou le matador sont des morceaux de choix. Quant aux jeux de ficelle… dès qu'on sait distinguer son petit doigt de son majeur, on ne s'en lasse plus !

Jeux classiques

Lettre à lettre

Un mot peut en cacher bien d'autres et, à partir d'un prénom, on peut imaginer mille télégrammes et poèmes... Pour jouer avec les lettres, il suffit de laisser parler son imagination.

Samaritaine

dès 8 ans — 2 à 15

10 minutes

papier, crayons, dictionnaire

But du jeu
En déplaçant les lettres, on découvre qu'un mot peut en cacher un autre.

1 Les joueurs sont assis autour d'une table, une feuille de papier et un crayon à la main.

2 L'un des joueurs ouvre le dictionnaire et choisit un mot au hasard. Éviter les mots courts ou qui comportent des lettres difficiles à placer comme *kiwi* ou *whisky*.

3 Chaque joueur écrit le mot choisi en haut de sa feuille, et cherche tous les mots qu'il est possible de créer avec l'une ou toutes les lettres de celui-ci.

4 En cas de doute, on peut vérifier l'orthographe des mots avec le dictionnaire.

Exemple
Avec le mot « samaritaine », on peut constituer tas, tir, train, mari, rime, sarment, marine, samaritain, tamiser, animer, etc.

Variante
Il est possible de jouer avec les anagrammes en demandant de retrouver les prénoms cachés dans les mots suivants :
Aimer (Marie), Cire (Éric), Comédien (Nicomède), Liane (Aline), Manoir (Marion)...

Le télégramme

dès 8 ans — 2 à 15

10 minutes

papier, crayons

But du jeu
Il s'agit de redécouvrir les charmes du télégramme en faisant preuve d'originalité.

1 Choisir le prénom d'un des joueurs ou celui de son héros préféré.

2 À l'aide des lettres du prénom, construire un message bref en style télégraphique, chaque lettre constituant l'initiale d'un mot.

Exemple
Pour Michèle : « **M**aman **I**nvite **C**opain **H**arry **E**tonnant **L**undi **E**nfin ».

Acrostiche

dès 10 ans

2 et plus

15 minutes

papier, crayons

But du jeu

Un prénom... c'est déjà tout un poème ! C'est aussi l'occasion d'apprendre à composer en rimes. Mais attention, il y a une contrainte : il faut respecter l'ordre des lettres du prénom choisi.

Ce jeu se joue comme le télégramme, mais cette fois, il faut composer un petit poème (en prose ou en rimes, pour plus de difficulté) à partir des lettres du prénom disposées verticalement.

Exemple

Acrostiche adressé à Louis XIV par un homme sans le sou, qui espérait recevoir un louis d'or en récompense de son talent d'écrivain :

Louis est un héros sans peur et sans reproche,
On désire le voir aussitôt qu'on l'approche,
Un sentiment d'amour enflamme tous les cœurs,
Il ne se trouve chez lui que des adorateurs,
Son image est partout, excepté dans ma poche.

Baccalauréat

Pour obtenir ce baccalauréat, inutile de réviser ses leçons : il faut de l'imagination. On peut même inventer des pays inconnus et des plantes étranges... mais gare à l'élimination !

Le petit baccalauréat

dès 10 ans

2 à 15

15 minutes

papier, crayons

But du jeu

Pour obtenir son petit baccalauréat, il faut faire travailler sa mémoire... plus vite que son voisin.

1 Chaque joueur trace sur sa feuille un tableau comportant cinq colonnes, une par thème : ville, célébrité, pays, animal et plante ou, pour les plus jeunes, objet, couleur, aliment, prénom, matière.

2 Pour tirer une lettre au sort, un joueur fait défiler silencieusement l'alphabet dans sa tête jusqu'à ce qu'un autre dise stop.

3 Dans un temps donné, les joueurs inscrivent un maximum de mots dans chaque colonne.

4 Le premier qui a rempli sa ligne stoppe le jeu. Les mots trouvés par plusieurs joueurs ne sont pas comptabilisés.

Exemple

Avec un D, on peut faire...

Ville	Célébrité	Pays	Animal	Plante
Dijon Dublin	Dalida Depardieu	Danemark Djibouti	Dinde Dauphin	Dahlia Dattier

Le petit baccalauréat acrostiche

dès 10 ans — 2 à 15

15 minutes

papier, crayons

But du jeu
Ce jeu associe les règles du petit baccalauréat (voir ci-contre) et de l'acrostiche (voir p. 49).

1 Chaque joueur trace un tableau de six lignes et de cinq colonnes. Choisir un mot de cinq lettres en pointant le doigt au hasard sur la page d'un livre ou en énumérant des mots au hasard. Inscrire le mot verticalement dans les colonnes du tableau.

2 Chaque lettre doit être l'initiale du mot trouvé. Si un joueur ne trouve pas l'un des mots, il peut passer à la lettre suivante et le premier joueur qui finit sa colonne arrête le jeu.

3 Le jeu reprend ensuite, colonne par colonne jusqu'à finir le tableau.

4 Pour éviter que l'adversaire ne trouve le même mot, apporter quelques précisions : la rose trémière, le radis noir, l'ouvrier métallurgiste et le rouge garance.

Exemple

Avec RAMER, on peut faire...

Fleur	Fruit-légume	Prénom	Métier	Couleur
Rose **A**rum **M**imosa **E**delweiss **R**enoncule	**R**adis **A**mande **M**elon **E**ndive **R**aisin	**R**oméo **A**mélie **M**arie **E**douard **R**ichard	**R**adiologue **A**rchitecte **M**inistre **E**nseignant **R**outier	**R**ouge **A**bricot **M**auve **E**cru **R**ose

Jeux du dico

Dans un dictionnaire, on trouve des mots inconnus et des noms tordus. Et devinez quoi ? Dans un dictionnaire, on trouve même des jeux amusants et mille idées farfelues.

Histoire de mots

dès 9 ans

4 à 15

30 minutes

papier, crayons, 1 dictionnaire

But du jeu
Enrichir son vocabulaire de mots compliqués permet aussi d'inventer de drôles d'histoires.

1 Deux joueurs trouvent dans le dictionnaire autant de mots compliqués qu'il y a de joueurs. Ils écrivent chaque mot sur un petit papier.

2 Les joueurs piochent tous un papier : ils se passent le dictionnaire pour que chacun trouve la définition de son mot et la lise aux autres.

3 À partir de ces mots, les joueurs inventent une histoire collective.

Ani-mots

dès 9 ans

2 à 15

30 minutes

papier, crayons, plusieurs dictionnaires

But du jeu
Les joueurs doivent trouver le plus de mots possible dont le nom commence par la lettre choisie. S'ils n'en trouvent pas, ils peuvent inventer une petite histoire.

1 On choisit une lettre au hasard.

2 Chaque joueur, muni d'un dictionnaire, trouve en 5 minutes le plus d'animaux possible dont le nom commence par cette lettre.

3 Le gagnant est celui qui a trouvé le plus d'animaux. Pour rallonger sa liste et la justifier, il faut faire preuve d'imagination : « La merguez est une petite chienne qui ressemble à une saucisse et que l'on rencontre dans les pays chauds à l'ombre des arbres... ».

Les mots se suivent

dès 9 ans — 2 à 15

15 minutes

papier, crayons, dictionnaires

But du jeu

En codant un message, on découvre au passage des mots étonnants.

1 Un des joueurs choisit une citation ou une phrase quelconque.

2 Il répartit les mots de la phrase entre les joueurs.

3 Chaque joueur remplace son mot par celui qui suit dans le dictionnaire. Pour que la phrase fonctionne, il faut accorder le verbe ou le genre.

Exemple

« Ta chambre est un vrai capharnaüm » devient « Ton chameau étreint un vrombissant cap-hornier ».

Entre deux mots

dès 8 ans — 2 à 15

5 minutes

papier, crayons, 1 dictionnaire

But du jeu

Pour trouver le plus de mots possible, il faut réfléchir plus vite que son ombre.

1 Le meneur choisit une page du dictionnaire et note sur une feuille le premier et le dernier mot.

2 Les joueurs doivent trouver en 5 minutes (et sans dictionnaire) le plus de mots s'intercalant entre ces deux mots. Les mots trouvés par plusieurs joueurs ne rapportent rien.

Exemple

Entre « pincette » et « pirouette », on trouve « pinède, pingouin, ping-pong, pintade, pioche, piolet, pipelette, pique-nique, etc. ».

Définitions

Qui sait ce que signifie conchoïdal, et qui est Remi ?
Avec ces jeux de définition, on s'éloigne souvent tellement de la réalité que les fous rires sont garantis !

Le jeu du dictionnaire

dès 10 ans

2 à 15

15 minutes

papier, crayons, 1 dictionnaire

But du jeu
Tenter de définir les mots du dictionnaire enrichit le vocabulaire... et l'imagination !

1 Le meneur choisit un mot peu utilisé dans un dictionnaire et note sa définition sans la montrer. Il annonce le mot aux autres joueurs.

2 Chaque joueur en imagine la définition la plus réaliste ou la plus fantaisiste possible et l'écrit sur son papier.

3 Le meneur ramasse tous les papiers, les mélange avec le sien et lit les définitions.

4 Le gagnant est celui qui identifie la bonne définition parmi celles proposées ou celui qui a inventé la définition la plus amusante, selon ce qui a été déterminé au départ. Il devient à son tour meneur.

Quel est son nom ?

dès 10 ans — 2 à 15

5 minutes

1 dictionnaire des noms propres

But du jeu
Il faut reconnaître un personnage célèbre à partir de la définition du dictionnaire.

1 Le meneur lit la définition d'une personne célèbre et connue de tous les participants.

2 Le gagnant est celui qui trouve le premier le nom de cette personne. Il remplace alors le meneur.

Exemple
« De son vrai nom Georges Remi (R. G.). Naît en 1907 [...] S'il aime raconter des histoires, le petit Georges est bien loin de se douter qu'il deviendra, bien des années plus tard, le créateur d'un personnage qui le rendra célèbre : un jeune reporter accompagné d'un chien blanc qui le suit dans toutes ses aventures de la Chine jusqu'au Tibet en passant par le Congo... ». Réponse : Hergé, créateur de Tintin.

Double sens

dès 9 ans — 2 à 15

30 minutes

papier, crayons, dictionnaires

But du jeu
En jouant aux devinettes, on découvre que bien des mots ont un double sens.

1 Chaque joueur cherche dans son dictionnaire un mot à double définition ou deux mots de même sonorité.

2 Chaque joueur invente une définition en forme de devinette.

3 Les joueurs se posent mutuellement leurs devinettes.

Exemples
« Je suis un oiseau et on me trouve sur les chantiers : quel est mon nom ? La grue. »
« Je suis couleur gazon ; je suis utile pour boire : qui sommes-nous ? Le vert et le verre. »

Petits papiers

Les surréalistes ont inventé ces trois jeux de texte et de dessin collectifs. Qui pourrait en effet imaginer tout seul une phrase pareille : « Le cadavre exquis boira du vin nouveau »...

Questions et réponses

dès 10 ans

3 et plus

15 minutes

papier, crayons

But du jeu
Il faut trouver des réponses absurdes à des questions de préférence insolubles.

1 Chaque joueur inscrit une question sur sa feuille comme « Pourquoi la Terre est-elle ronde ? » ou « Qu'est-ce qui est né en premier, l'œuf ou la poule ? ».

2 Chacun plie ensuite sa feuille pour masquer sa question.

3 Un joueur récupère tous les papiers et, sans les déplier, les mélange et les redistribue. Chacun écrit une réponse très précise sur son papier sans connaître la question.

4 Le meneur déplie ensuite le tout et lit les questions-réponses.

Le cadavre exquis

dès 8 ans
3 et plus
15 minutes
papier, crayons

But du jeu
En laissant libre cours à son imagination, on invente à plusieurs une histoire d'autant plus drôle qu'elle sera farfelue.

En 1920, les Surréalistes, réunis autour d'André Breton, trouvèrent ainsi des formules étranges comme : « Si l'ombre de ton ombre visitait une galerie de glaces... La suite serait indéfiniment remise au prochain numéro. »

1 Le meneur pose une question par joueur : « Qui ? », « Que fait-il ? », « Avec qui ? », « Où ? », « Quand ? », « Comment ? », « Pourquoi ? ».

2 L'un après l'autre, les joueurs répondent sur le papier à la question qui leur a été posée en pliant chaque fois la feuille avant de la passer au voisin afin de cacher ce qui est écrit.

3 Le meneur récupère le papier et lit à voix haute la petite histoire ainsi écrite.

Dessins en morceaux

dès 7 ans
3 et plus
10 minutes
papier, crayons de couleur

But du jeu
Il s'agit d'obtenir un drôle de personnage à partir de la juxtaposition du dessin de tous les joueurs.

Ce jeu se joue comme le précédent mais cette fois, chaque joueur dessine une partie du corps d'un personnage avant de passer la feuille à son voisin. En pliant sa feuille, le joueur ne laisse dépasser que quelques traits qui permettront au joueur suivant de poursuivre le dessin. S'il y a trois joueurs, on plie la feuille en trois dans sa hauteur.

À tâtons

Lettres cachées, lettres mélangées. Pour s'y retrouver, il faut imaginer une foule de mots et les tordre dans tous les sens jusqu'à trouver le bon. Mais gare à la pendaison !

Lettres mélangées

dès 9 ans

2 à 5

20 minutes

papier, crayons

But du jeu
On doit retrouver un mot à partir de lettres mélangées.

1 Chaque joueur choisit en secret trois mots de cinq lettres.

2 Chaque joueur inscrit ses mots sur un papier mais en rangeant les lettres par ordre alphabétique.

3 Les joueurs s'échangent ensuite leurs feuilles et tentent de remettre les lettres dans l'ordre pour retrouver les mots choisis.

Exemples
AABCT (TABAC), AGLOP (GALOP), AINRT (TRAIN), EJOTU (JOUET), EOPRT (PORTE)...

Le pendu

dès 7 ans

2

20 minutes

papier, 1 crayon

But du jeu
Un joueur tente de deviner un mot alors qu'il n'en connaît que la première et la dernière lettre.

1 L'un des joueurs (le bourreau) choisit mentalement un mot assez long. La catégorie peut être définie à l'avance : prénom, pays, objets, etc.

2 Le bourreau écrit la première et la dernière lettre de ce mot et remplace les autres par des tirets.
S'il choisit Tournevis, il écrit : T – – – – – – – S.

3 L'autre joueur tente de deviner le mot en proposant des lettres. Si le mot comporte la lettre proposée, le bourreau l'inscrit à sa place autant de fois qu'elle y figure. Si la proposition est mauvaise, il trace le premier trait de la potence qui sera composée de 10 traits et un rond.

4 Si le dessin de la potence est terminé, le joueur est pendu : il a perdu.

Variante

1 Le bourreau commence le jeu en traçant la potence en forme de L renversé, puis il écrit au dessous toutes les lettres de l'alphabet.

2 Le mot choisi ne comporte pas plus de cinq lettres. Il est figuré uniquement par des tirets.

3 L'autre joueur propose une lettre pour deviner le mot.

4 Si la proposition n'est pas bonne, le bourreau raye la lettre dans la liste et dessine le pendu peu à peu. On peut rajouter des détails à la potence pour laisser à l'autre joueur un peu plus de chance de ne pas être pendu.

Plus ou moins

Faciles à trouver, les allumettes permettent de jouer en toutes circonstances. Voici donc trois jeux de stratégie et d'anticipation où la réflexion est la clef de la victoire.

Marienbad

dès 8 ans

2

5 minutes

16 allumettes

But du jeu
Dans ce jeu de stratégie, il faut pousser l'adversaire à prendre la dernière allumette.

1 Aligner seize allumettes sur quatre rangées, soit une, trois, cinq et sept allumettes.

2 À tour de rôle, chaque joueur retire une, deux ou trois allumettes dans une seule rangée à la fois.
Le perdant est celui qui prendra la dernière allumette.

Astuces et solutions p. 186.

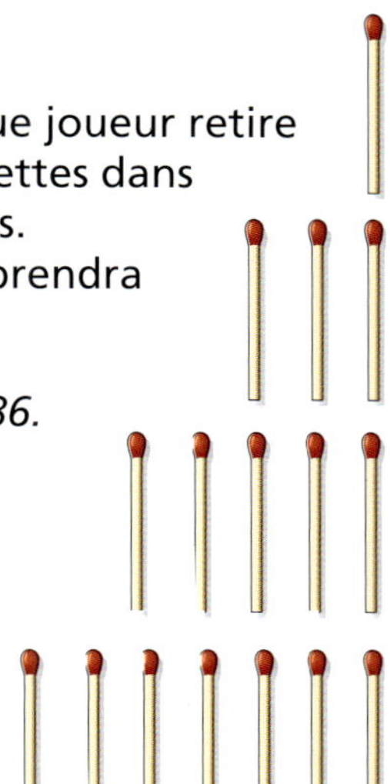

Dix-sept

dès 8 ans — 2

5 minutes

17 allumettes

Ce jeu se joue comme le Marienbad (on ne peut pas prélever plus de trois allumettes à la fois), mais cette fois, dix-sept allumettes sont disposées librement. Le gagnant est celui qui enlève la dernière allumette.

Astuce
Pour gagner, il faut laisser un multiple de quatre à l'adversaire, surtout quand le jeu touche à sa fin.

Le parking

dès 7 ans — 2

5 minutes

1 boîte d'allumettes

But du jeu
Il faut faire preuve d'agilité pour ajouter les allumettes sans toucher les autres.

1 Le premier joueur dessine les lignes d'un parking avec une dizaine d'allumettes.

2 Chacun va, à tour de rôle, garer une allumette à l'intérieur de cette surface déterminée. Mais attention, il est interdit de toucher ou de déplacer une autre allumette sous peine d'élimination.

Déplacements

Avec de simples allumettes, on peut relever de grands défis. En voici la preuve : ces quelques énigmes sont aussi faciles à déjouer qu'elles semblent insolubles au départ.

Une et cinq

dès 10 ans — 2

5 minutes

boîte d'allumettes

Disposer six allumettes de telle manière que chacune d'elles touche les cinq autres.

(Réponse p. 186)

Allumettes magiques

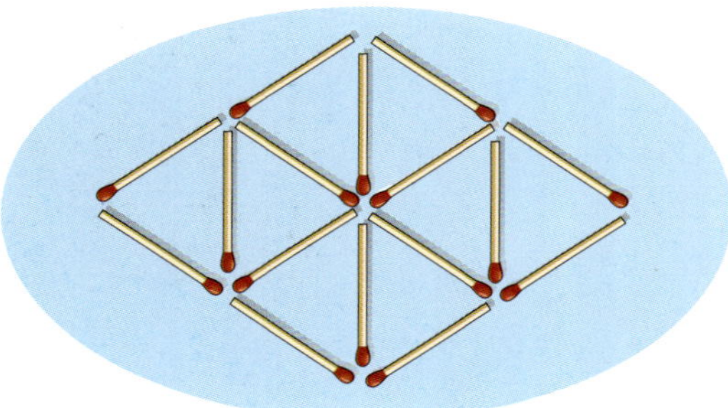

Les allumettes forment dix triangles, dont deux grands composés par les allumettes médianes.

Retirer quatre allumettes afin d'obtenir quatre triangles égaux.

(Réponse p. 186)

Carrés

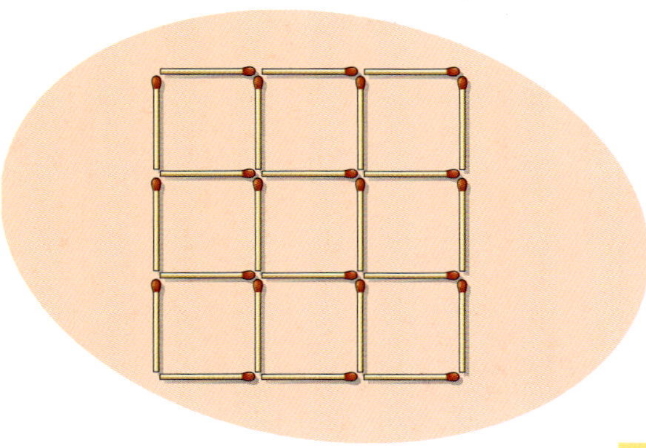

Retirer quatre allumettes afin d'obtenir cinq carrés égaux.

(Réponse p. 186)

La croix

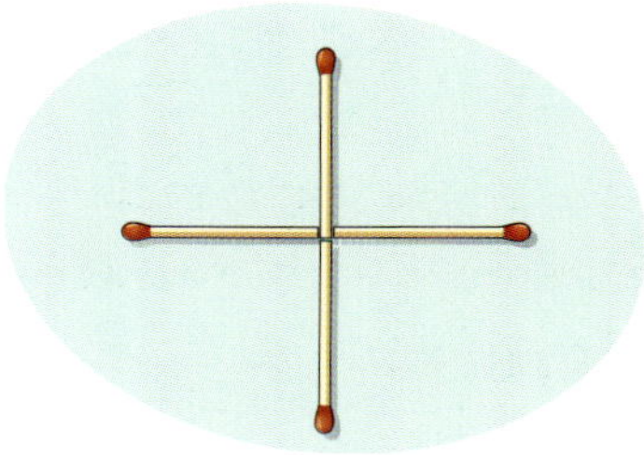

Déplacer une seule allumette afin d'obtenir un carré.

(Réponse p. 186)

Opération

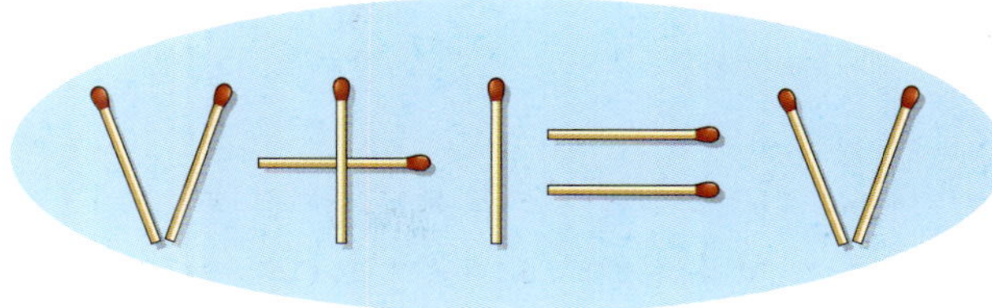

Corriger le résultat de l'opération en ne déplaçant qu'une seule allumette.

(Réponse p. 186)

Quatre, trois et sept

Ôter une seule allumette afin d'obtenir trois carrés. Puis déplacer trois autres allumettes pour obtenir sept carrés.

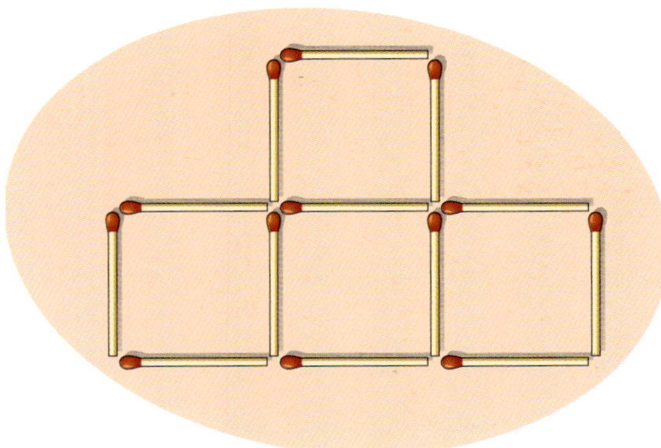

Triangles

Former une figure composée de huit triangles avec seulement six allumettes.

(Réponses p. 186)

Coups de bluff !

Au jeu du mistigri et du menteur, il faut se débarrasser de ses cartes. Et pour jouer aux cartes, parfois, il faut savoir bluffer… et mentir : souriez, vous êtes soupçonné !

Mistigri

dès 8 ans

3 et plus

30 minutes

jeu de 32 cartes (3 joueurs) ou de 52 cartes (4 joueurs et plus)

But du jeu
Chacun tente de se débarrasser du « Mistigri », car il fait perdre la partie !

1 Le valet de trèfle est préalablement écarté du jeu. Toutes les cartes sont distribuées une par une aux joueurs.

2 Chaque joueur assemble ses cartes par paires de couleurs et de valeurs identiques et les pose de côté.

3 Le donneur présente son éventail de cartes faces cachées à son voisin qui en choisit une. Si cette carte le lui permet, le joueur réalise une paire et la pose de côté. Puis, il présente à son tour ses cartes au joueur suivant.

4 Le perdant est celui qui ne parviendra pas à se débarrasser du valet de pique, appelé « Mistigri » car la paire avec le valet de trèfle ne peut être formée.

Variante
Pour bien repérer les paires de cartes, on peut toutes les disposer faces contre table et faire une partie de Memory : chaque joueur, à tour de rôle, retourne deux cartes au hasard. Si elles forment une paire assortie, il les remporte. Sinon, il les replace au même endroit, face cachée sur la table. Le joueur suivant retourne une carte et, si elle peut s'associer à l'une des cartes précédemment retournées, il doit se souvenir de l'emplacement de celle-ci pour former sa paire. Le gagnant est celui qui constitue le maximum de paires.

Le menteur

dès 8 ans — 2 à 6

30 minutes

jeu de 52 cartes

But du jeu

Pour se débarrasser de ses cartes, il faut bluffer et miser sur la vitesse du jeu.

1 Le donneur distribue les cartes une par une de manière à ce que les participants aient un nombre de cartes identique. Il n'est pas indispensable d'utiliser toutes les cartes du jeu.

2 Son voisin de gauche prend une carte dans son jeu, la regarde avant de la déposer sur la table, face cachée, en annonçant une famille : carreau, trèfle, cœur ou pique. Il a le droit de mentir. Les autres joueurs font de même, en annonçant la même chose, même si c'est faux.

3 À n'importe quel moment de la partie, un joueur peut traiter de menteur celui qui dépose une carte. Si la carte retournée est d'une famille différente de celle annoncée, le menteur ramasse toutes les cartes posées sur la table. En revanche, si la famille est bonne, c'est l'accusateur qui prend le tas de cartes. C'est à lui de jouer.

4 Un joueur peut aussi déposer un petit paquet de cartes. Mais, si les autres s'en aperçoivent, il est pénalisé. Il reçoit une carte de chacun des joueurs.

5 Le gagnant est celui qui n'a plus aucune carte en main.

Le plus fort

Les batailles de cartes sont les plus terribles : les frères y sont ennemis et les puissants l'emportent. Mais il suffit d'un kems pour changer la lutte en partie de rire !

La bataille

dès 6 ans — 2

30 minutes

jeu de 32 ou 52 cartes

But du jeu
Avec un peu de chance, le gagnant ramassera toutes les cartes.

1 Les cartes sont distribuées aux joueurs, faces cachées. Chacun pose son paquet de cartes sur la table sans en prendre connaissance.

2 Les deux joueurs retournent la première carte de leur paquet et la posent simultanément. Celui qui a posé la carte la plus forte ramasse le pli et le glisse sous son tas de cartes. L'as est plus fort que le roi, qui est plus fort que la dame, qui est plus forte que le valet, etc.

3 Si les deux cartes retournées sont de même valeur, il y a « bataille ». Chacun des joueurs couvre sa carte avec une carte face cachée puis avec une carte retournée. Celui qui a posé la carte la plus forte des deux tas remporte le pli.

4 Le jeu s'arrête quand l'un des joueurs n'a plus de cartes.

Bataille ouverte

dès 6 ans — 2

30 minutes

jeu de 32 ou 52 cartes

But du jeu
S'ils choisissent judicieusement leurs cartes, les joueurs peuvent remporter un maximum de plis.

1 Les cartes sont distribuées faces cachées mais, cette fois, les joueurs les regardent en les tenant en éventail.

2 Ils choisissent une carte et la posent simultanément. Les plis gagnés sont laissés sur la table en face du joueur.

3 Lorsqu'un joueur n'a plus de cartes dans les mains, il prend ses plis et forme un nouvel éventail. Le gagnant est celui qui ramasse toutes les cartes.

Le kems

dès 6 ans

4

30 minutes

jeu de 32 ou 52 cartes

But du jeu
Il faut faire comprendre à son partenaire qu'on a formé un kems.

1 Les joueurs forment deux équipes de deux. Chacun reçoit quatre cartes. Quatre cartes supplémentaires sont alignées faces en l'air au centre de la table. Le reste est empilé faces cachées ; c'est la pioche.

2 Il s'agit de former un kems, soit quatre cartes égales (quatre valets, quatre as, quatre 3, etc.). Pour cela, chacun pioche les cartes qui l'intéressent et les échange contre des cartes de son jeu. Pour une carte prise, une carte rendue.

3 Quand chacun s'est servi, on met au rebut les cartes du centre et on en pioche quatre autres.

4 Dès qu'un joueur a formé un kems, il tente de le faire savoir à son partenaire par un signe secret dont ils seront convenus d'avance. Si le partenaire voit ce signe, il crie « kems » ou « double kems » s'il en a lui-même un.

5 Si l'un des joueurs adverses intercepte le signe secret, il crie « coupé » ou « double coupé » s'il soupçonne un double kems.

6 L'équipe qui a formé le plus de kems a gagné.

Bon débarras

Au jeu de la crapette, il faut rester sur ses gardes... L'adversaire guette l'erreur et, l'œil en coin, s'apprête à crier : « crapette ! ». Distraits et rêveurs, passez votre tour.

La crapette

dès 10 ans — 2

30 minutes

2 jeux de 52 cartes

But du jeu
Les joueurs doivent se débarrasser au plus vite de leurs cartes, tout en guettant les erreurs de l'adversaire.

1 Chaque joueur dispose d'un jeu de cartes complet. Tous deux prennent les quatre premières cartes de leur jeu. Ils les disposent, à droite, en colonne, face en l'air. Puis ils constituent chacun leur « crapette » en empilant treize cartes, faces cachées. Le reste des cartes, empilées faces cachées, constitue le « talon ». Il est posé à côté de la crapette.

2 Chaque joueur retourne la carte du dessus de sa crapette. Les joueurs jouent à tour de rôle. Celui dont la carte est la plus forte commence la partie.

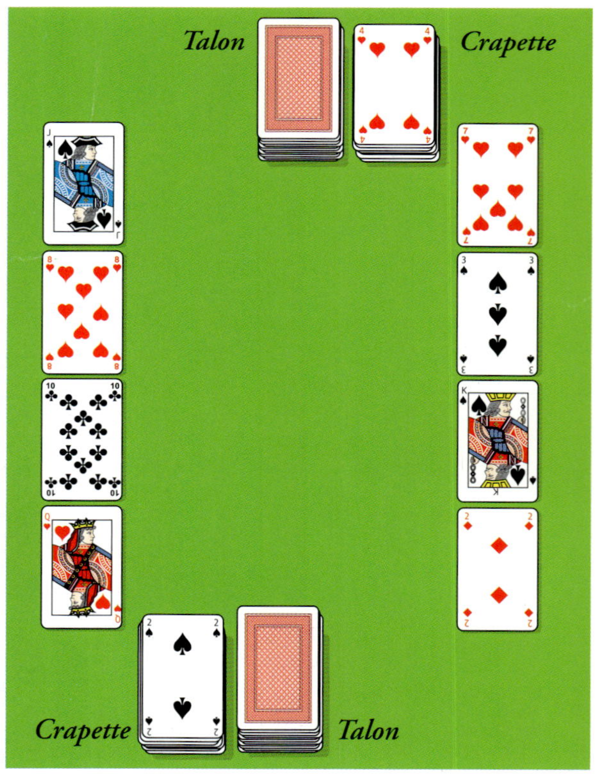

3 Le joueur place ou déplace les cartes une par une, en trois temps, et dans l'ordre suivant :
- il doit d'abord tenter de placer ses cartes au centre pour reconstituer deux fois les quatre familles, en commençant par les as. Ces cartes ne pourront plus être déplacées ;
- quand le joueur a épuisé les possibilités précédentes, il peut ensuite charger la crapette ou le pot de l'adversaire en posant une carte de la même famille et de valeur immédiatement inférieure ou supérieure ;
- quand le joueur a épuisé les possibilités précédentes, il peut compléter les colonnes latérales afin de constituer des séries décroissantes (du roi au 2) en alternant les couleurs.

4 À chaque fois qu'une place est libérée dans l'une des colonnes latérales, le joueur peut puiser dans sa crapette pour placer n'importe quelle carte.

5 Quand le joueur ne peut plus placer ou déplacer de cartes, il retourne une carte de son talon. S'il le peut, il la place et procède à tous les déplacements possibles et continue à prendre des cartes dans le talon. S'il ne peut la placer, il la pose de côté, face en l'air, pour constituer le pot. Attention, les cartes du pot ne peuvent pas être réutilisées, même si l'occasion se présente. Une fois que le talon est épuisé, le pot est retourné et devient talon à son tour.

6 Quand le joueur ne peut plus jouer, c'est à l'adversaire de prendre la main.

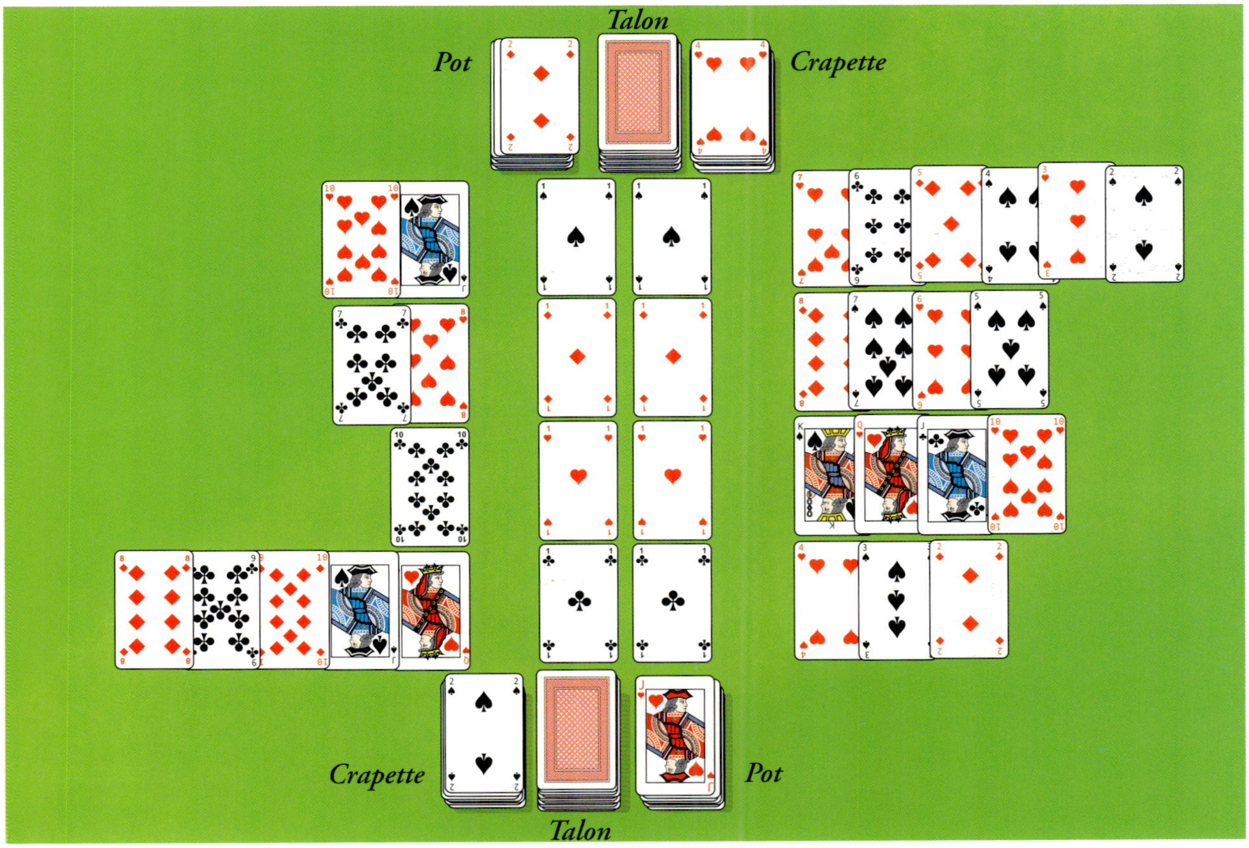

7 Si un joueur voit que l'autre ne suit pas l'ordre ou qu'il omet de placer (ou de déplacer) une carte, il dit « crapette » et joue à son tour.

8 Le joueur qui parvient à se débarrasser de toutes ses cartes a gagné.

Conseils

Il vaut mieux parfois renoncer à charger la crapette de l'adversaire, car la situation peut se retourner contre soi. En revanche, charger le pot de son adversaire ne fait jamais de mal... puisque celui-ci ne peut pas y toucher !

Réussites

Ce n'est pas parce qu'on joue seul qu'on est sûr de gagner. Jouer contre le hasard ou faire équipe avec lui, c'est risquer bien des surprises : avant la réussite, le jeu est semé d'embûches !

Réussite simple

dès 8 ans — 1

15 minutes

jeu de 32 cartes

But du jeu
Il faut parvenir à retourner toutes ses cartes.

1 Le joueur dispose ses cartes faces cachées en quatre lignes de huit cartes chacune. La première ligne sera celle des trèfles, la seconde celle des carreaux, la troisième celle des cœurs et la dernière celle des piques. Les lignes vont du sept à l'as.

2 Avant de commencer, retourner les cartes de la colonne des as.

3 Prendre l'une de ces cartes, la mettre à sa place en ôtant la carte qui s'y trouvait, placer cette nouvelle carte, etc. Il faut tenter d'obtenir quatre séries décroissantes complètes. Attention : on n'a le droit de retourner une carte que si on en a une autre à mettre à la place.

Variante
Pour compliquer le jeu, on peut aussi choisir de ne retourner qu'une seule carte, au hasard, en début de partie.

Le quinze

dès 9 ans

1

30 minutes

jeu de 52 cartes + jokers

But du jeu

Pour gagner à ce petit jeu de calcul, il faut obtenir autant de fois possible 15 points avec les cartes.

1 Disposer seize cartes, faces retournées, sur la table en quatre rangées de quatre. Les cartes restantes constituent la réserve.

Le jeu consiste à prendre, parmi les seize cartes, autant de cartes nécessaires pour former, le plus de fois possible, un total de 15 points, sachant que :

- les jokers valent 15 points,
- le roi vaut 13 points,
- la dame vaut 12 points,
- le valet vaut 11 points.

La valeur des autres cartes est indiquée clairement :

- le 10 vaut 10 points, etc.

2 Les cartes utilisées forment un autre paquet : le rejet. Le joueur les remplace par des cartes de la réserve et continue la partie jusqu'à épuisement ou jusqu'à ce qu'il ne puisse plus réunir les 15 points. S'il dépasse ces 15 points, il a perdu.

Le sort est jeté

Pour gagner aux dés, il faut avoir de la chance, car même en soufflant trois fois sur ses mains, rien n'est joué. Le vainqueur saura faire du hasard son allié... le temps d'une partie.

Les as

dès 8 ans

3 et plus

15 minutes

5 dés, pot, objets (bonbon, crayon, image)

But du jeu
Le joueur qui pose le dernier as gagne et remporte le contenu du pot.

1 Chaque joueur place un objet dans le pot. Les joueurs lancent deux dés à tour de rôle. Celui qui obtient le nombre le plus élevé commence le jeu (les as valent 7 points).

2 Le premier joueur lance les dés jusqu'à ce qu'il obtienne un as, un 2 ou un 5. À chaque fois, il pose le ou les as au centre de la table, il passe les 2 à son voisin de gauche et les 5 à son voisin de droite, et cela jusqu'à épuisement des dés.

3 Le joueur de gauche lance à son tour les dés qu'il a reçus et distribue les as, les 2 et les 5 obtenus, comme le premier joueur. Si le joueur de gauche n'a pas de dés, c'est le joueur suivant, à sa gauche (le jeu tourne dans le sens des aiguilles d'une montre), qui joue.

4 Le gagnant est celui qui pose le dernier as au centre de la table. Il remporte le contenu du pot.

Le vingt-et-un

dès 8 ans — 2 et plus

10 minutes

1 dé, pot, pions, papier, crayon

But du jeu
Pour tenter d'obtenir un total de 21 points ou de s'en approcher, on relance le dé.

1 Répartir les pions entre les joueurs.

2 Chaque joueur lance le dé plusieurs fois. À chaque lancer, il note le chiffre obtenu et l'additionne avec le précédent. Lorsqu'il obtient 21 points ou qu'il estime être le plus près du résultat gagnant, il peut ou non choisir de s'arrêter. Le joueur qui dépasse 21 points a perdu et doit mettre un pion dans le pot.

3 Le gagnant reçoit la totalité du pot et touche en plus un pion de chaque joueur. En cas d'égalité, les adversaires lancent une nouvelle fois le dé pour se départager.

Le jeu du cochon

dès 7 ans — 2 et plus

15 minutes

2 dés, papier, crayons

2 Chaque partie de l'animal correspond à un chiffre. Les joueurs dessinent peu à peu leur cochon en fonction du chiffre obtenu aux dés.

3 Il est possible d'utiliser d'autres supports et d'autres outils que le papier et le crayon : buée sur une vitre, ardoise et craie, tableau, etc.

But du jeu
Il faut terminer le premier son cochon... et compter avec le hasard.

1 Les deux joueurs lancent les deux dés. Pour pouvoir commencer à dessiner, il faut obtenir un 9, qui correspond au corps du cochon.

Combinaisons

Une combinaison réussie, et c'est autant de pions en moins. Une combinaison ratée, et voici des pions dont il faut se débarrasser. Au 421, si on a de la chance, on finit les mains vides !

Le 421

dès 8 ans

2 et plus

15 minutes

3 dés, 1 pot, 11 pions, papier, 1 crayon

But du jeu
Chacun doit réaliser une combinaison plus forte que celle des autres joueurs pour se débarrasser de ses jetons.

Chaque combinaison possède une valeur :
Le 421 (4 + 2 + as) vaut tous les pions du pot, moins un.

Les séquences 6-5-4, 5-4-3, 4-3-2, 3-2-1 valent chacune deux pions.

Deux as et un autre chiffre valent le nombre de pions correspondant à ce troisième chiffre (par exemple : as + as + 4 = quatre pions).

Si aucun joueur n'obtient l'une de ces quatre combinaisons, il reste quarante possibilités (de 6-6-5 à 2-2-1) qui valent chacune un pion.

N'importe quel brelan (trois dés présentant le même chiffre) vaut trois pions.

1 Placer onze pions dans le pot : ce sera la banque.

2 Pour savoir dans quel ordre jouer, chacun lance un dé : celui qui obtient le nombre le plus important commence.

3 Les joueurs font une première partie pour répartir entre eux le contenu du pot : le premier joueur lance trois dés. Il peut s'arrêter dès le premier lancer mais il a droit de réessayer deux autres fois. Il peut alors relancer tous les dés ou seulement quelques-uns.

4 Le joueur passe ensuite les dés aux autres. Ils doivent les lancer le même nombre de fois que ce premier joueur.

5 Celui qui a obtenu la plus petite combinaison prend dans le pot les pions correspondant à la valeur de la combinaison du joueur qui a obtenu la plus grosse combinaison.

Exemple

Julien lance les dés en deux coups : il obtient un brelan, qui vaut trois pions.
Marie lance les dés en deux coups : elle obtient deux as et un 5, ce qui vaut cinq pions.
Julien a donc perdu : il va recevoir de la banque les cinq pions de Marie.
Ils rejoueront jusqu'à ce que la banque soit vidée.

6 Une fois que tous les pions du pot sont répartis, le jeu se poursuit par une seconde partie. Mais cette fois, le gagnant donne directement ses pions au perdant.

7 Le premier joueur qui parvient à se débarrasser de tous ses pions a gagné la partie.

Au hasard

Au yam, il faut savoir calculer et surmonter toute une série d'épreuves. Et si les dés s'obstinent à tomber du mauvais côté, pas de panique, la chance finit toujours par tourner !

Le yam

dès 10 ans

2 et plus

45 minutes

5 dés, papier, 1 crayon

But du jeu
Chaque joueur doit tenter d'obtenir le plus grand nombre de points en formant les meilleures combinaisons.

Les douze épreuves consistent à lancer les dés de façon à obtenir des combinaisons.

Épreuves	Décompte des points
1. Le maximum d'as	Chaque valeur obtenue s'additionne. Exemple : un as vaut 1 point ; pour trois as obtenus, on gagne 3 points. Un 6 vaut 6 points ; pour quatre 6 obtenus, on gagne 24 points. Les points obtenus pour ces six épreuves sont additionnés. Si le total est supérieur ou égal à 60 points, un bonus de 30 points est accordé.
2. Le maximum de 2	
3. Le maximum de 3	
4. Le maximum de 4	
5. Le maximum de 5	
6. Le maximum de 6	
7. Le plus de points possible (le résultat doit impérativement être supérieur à l'épreuve ci-dessous)	Le nombre de points obtenus correspond à la valeur affichée sur les dés.
8. Le plus de points possible (mais le résultat doit impérativement être inférieur à l'épreuve ci-dessus)	
9. Un full (2 et 3 faces de même valeur)	20 points
10. Un carré (4 faces de même valeur)	30 points
11. Une suite (as, 2, 3, 4, 5 ou 2, 3, 4, 5, 6)	40 points
12. Un yam (5 faces de même valeur)	50 points

1 Déterminer l'ordre du jeu : tour à tour, les joueurs lancent un dé. Celui qui obtient la plus forte valeur commence. À chaque tour, un joueur doit remplir une épreuve.

2 Un joueur a droit à trois lancers par épreuve. Il lance d'abord les cinq dés, puis il s'arrête ou relance le nombre de dés qu'il veut.

3 En fonction des résultats obtenus, le joueur remplira la case de son choix (voir tableau ci-contre). Il vaut mieux, par exemple, noter un carré de 2 (30 points) plutôt que 8 points (4 x 2) dans la case des 2. Si le joueur n'a pas obtenu de combinaison satisfaisante, il peut, soit barrer la case de son choix, soit choisir une autre case qui lui fera perdre le moins de points possible. Par exemple, noter 0 dans la case des as (si elle est encore libre) fait perdre moins de points que de barrer la case du yam (50 points).

Joueurs	Étienne	Laura
As	2	3
2	6	4
3	6	9
4	16	8
5	20	15
6	18	18
TOTAL I	68	57
BONUS (30)	30	0
TOTAL II	98	57
+	23	28
–	19	27
Full	20	20
Carré	30	30
Suite	40	40
Yam	0	50
TOTAL III	132	195
TOTAL II (report)	98	57
TOTAL	230	252

4 Au fur et à mesure, les joueurs remplissent leur tableau d'épreuves. Une fois qu'il est complet, on procède au décompte des points. Le gagnant est celui qui a totalisé le plus de points. Dans cet exemple, Étienne a eu le bonus mais, Laura ayant réussi le yam, elle remporte la partie !

Variantes

On peut s'amuser à compliquer le jeu en rajoutant des colonnes plus difficiles. Par exemple, dans une colonne dite « descendante », les joueurs doivent obligatoirement remplir les cases en commençant par les as. Dans une colonne dite « remontante », les joueurs ne peuvent remplir leur colonne qu'une fois qu'ils ont fait un yam.

Noir sur blanc

Un point, un autre, un doublet puis deux, ainsi s'enchaînent les dominos. Noir et blanc, la chaîne s'allonge, et... voici le gagnant ! Bravo à celui qui a joué tous ses dominos !

En chaîne

dès 7 ans

3 maximum

30 minutes

jeu de dominos de double six (28 pièces), papier, 1 crayon

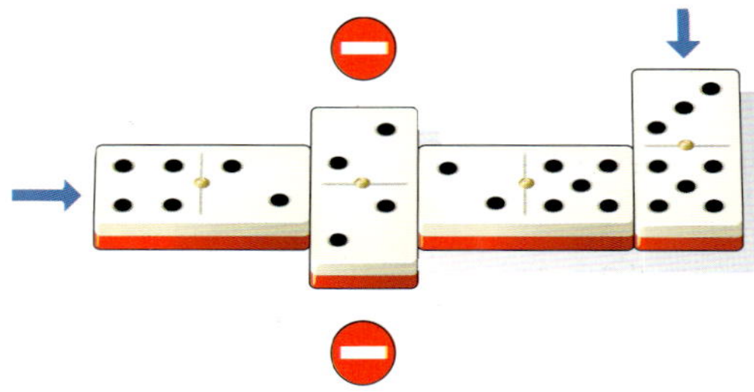

Ici le doublet de départ est un double deux.

But du jeu
Les joueurs forment une chaîne de dominos en essayant de se débarrasser de leurs pièces.

1 Étaler les dominos, faces cachées, sur la table. Chaque joueur prend sept dominos. Le reste des dominos constitue le talon.

2 Le joueur qui a tiré le domino le plus fort commence : il pose le domino de son choix. Puis, son voisin de droite ajoute un domino composé d'un des chiffres du premier domino, et ainsi de suite. Les doublets se placent perpendiculairement aux autres dominos.

3 Si un joueur n'a plus de domino qui convienne, il peut soit passer son tour, soit piocher dans le talon. S'il pioche, il doit le faire jusqu'à ce qu'il trouve un domino qui convienne. On décidera en début de partie laquelle de ces deux possibilités est autorisée.

4 On joue en plusieurs manches. Le gagnant de chaque manche est celui qui a placé l'ensemble de ses dominos ou qui a marqué le moins de points, chacun comptant ses points sur les dominos qui lui restent.

5 Le premier joueur qui atteint 50 points a perdu. Celui qui en a le moins a gagné.

Le cinq partout

dès 7 ans

2 à 5

30 minutes

jeu de dominos de double six (28 pièces), papier, 1 crayon

But du jeu

Il faut être le premier à totaliser 100 points en plaçant ses dominos.

1 Chaque joueur prend cinq dominos, sept s'il n'y a que deux joueurs. Celui qui a le plus fort doublet le pose en premier. Si personne n'en a, piocher dans le talon jusqu'à en trouver un.

2 Les joueurs suivants peuvent accoler leur domino à n'importe quel côté de ce doublet : la disposition de départ sera donc en chaîne ou en croix.

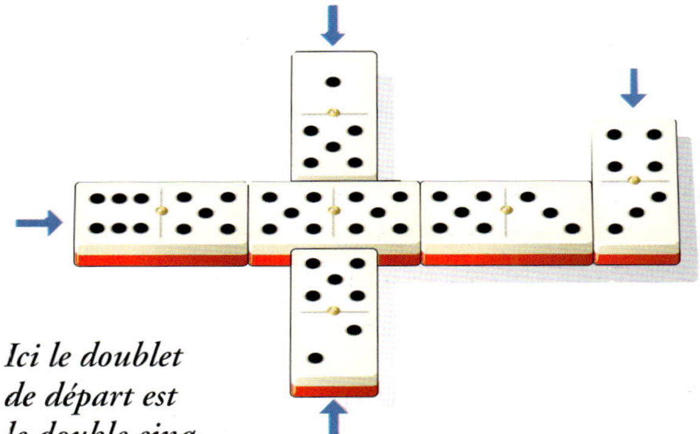

Ici le doublet de départ est le double cinq.

3 Les autres doublets sont placés perpendiculairement aux autres dominos, et contrairement au doublet de départ, le domino suivant ne se greffe que sur les longs côtés.

4 Lorsqu'un joueur place un domino de telle manière que les extrémités de la croix totalisent un multiple de cinq, il gagne les points équivalents (exemple : si le multiple est vingt-cinq, il marque 25 points).

5 Un joueur peut passer son tour en piochant dans le talon pour tenter d'obtenir un meilleur jeu.

6 Le premier joueur qui a placé tous ses dominos récupère les points correspondant aux dominos que ses partenaires n'ont pas placés. On arrondit ce total au multiple de cinq le plus proche (si le gagnant doit recevoir 12 points, on arrondit à 10 points).

7 Si aucun des joueurs ne peut placer de pièce, chacun compte ses points sur les dominos qui lui restent : celui qui a le moins de points touche en plus la différence entre son total et celui du joueur qui a le maximum de points.

8 On joue en plusieurs manches. Celui qui obtient 100 points le premier a gagné.

Coups doubles

Pour jouer au chypre ou au sébastopol, il faut d'abord tirer un double neuf ou un double six : on a le temps de méditer avant de commencer... Mais ensuite, pas de quartier !

Le chypre

dès 7 ans

4 à 10

30 minutes

jeu de dominos de double neuf (55 pièces)

But du jeu

Chaque joueur tente de se débarrasser de ses pièces en marquant le maximum de points.

1 Répartir les dominos, faces cachées, entre les joueurs : treize dominos chacun s'ils sont quatre, onze s'ils sont cinq, neuf s'ils sont six, sept s'ils sont sept, six s'ils sont huit ou neuf, cinq s'ils sont dix. Laisser le reste des dominos de côté.

2 Le joueur qui a le double neuf (9-9) commence. Si personne ne l'a, tous les dominos sont repris, mélangés et redistribués. Celui qui a le double neuf le pose au centre de la table.

3 À partir du double neuf, il faut poser à angle droit un domino dont l'une des faces porte un neuf.

4 On pose ensuite un domino dont l'une des faces est identique à une autre déjà posée.

5 Quand un joueur ne peut pas poser de domino, il passe son tour.

6 Le premier joueur qui place tous ses dominos a gagné. Il ramasse alors tous les points encore détenus par les autres joueurs.

Le sébastopol

dès 7 ans

4

30 minutes

jeu de dominos de double six (28 pièces), papier, 1 crayon

But du jeu

Il faut se débarrasser de tous ses dominos avant les autres.

1 Les joueurs piochent chacun sept dominos. Celui qui reçoit le double six (6-6) commence.

2 Le jeu progresse dans le sens des aiguilles d'une montre. Tous les joueurs doivent d'abord greffer sur cette première pièce un domino comportant un six, faute de quoi ils passent leur tour.

3 Les six sont accolés au double six à la chaîne ou à angle droit, de manière à former une croix de cinq dominos (voir p. 79).

4 Les joueurs placent ensuite leurs dominos sur les quatre branches de la croix et jouent comme d'habitude.

5 Celui qui pose tous ses dominos le premier a gagné la première manche et remporte les points des autres joueurs (ceux des dominos qu'ils n'ont pas placés). Si personne ne peut placer de domino, chacun compte ses points sur les dominos qui lui restent. Celui qui a le moins de points touche la différence entre son total et celui des autres joueurs.

6 Ce jeu se joue généralement en plusieurs manches. A gagné le joueur qui obtient 100 points en premier.

Parties égales

Qui croirait que les dominos sont un jeu de calcul ? Et pourtant, pour jouer au matador, il faut savoir compter. Calculateurs, à vos tablettes, les dominos vont s'additionner !

Le matador

dès 7 ans

2 et plus

30 minutes

jeu de dominos de double six (28 pièces)

But du jeu
Les joueurs doivent se débarrasser le plus vite possible de leurs dominos en formant des couples de sept.

1 Les joueurs piochent cinq dominos, ou sept s'ils ne sont que deux. Celui qui détient le doublet (ou à défaut le domino le plus fort) le pose en premier.

Dans la Grèce antique et dans la Chine ancienne, on jouait déjà aux dominos. Les Hébreux aussi connaissaient ce jeu. Mais il faudra attendre le milieu du XVIIIe siècle pour qu'il se répande en France.
Le nom de domino provient peut-être du vêtement religieux « domino », noir d'un côté et blanc de l'autre.

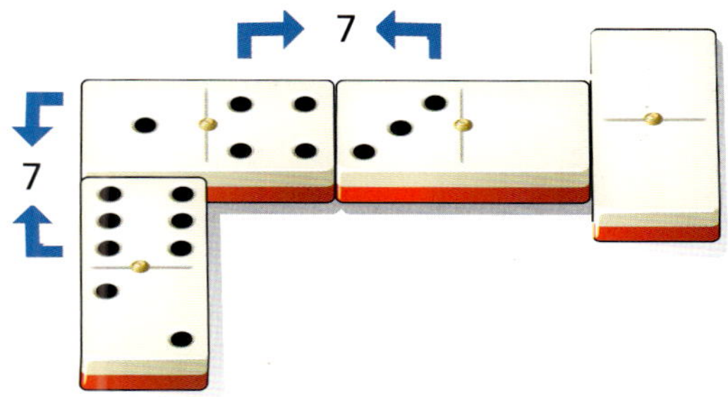

2 Les joueurs doivent poser leurs dominos de façon à obtenir un total de sept. C'est-à-dire, que l'une des moitiés totalise sept avec la moitié précédente. Par exemple, à un 4, il faut ajouter un domino portant un 3.

3 Seuls les « matadors » qui totalisent sept à eux seuls (1-6, 2-5, 4-3 et 0-0 ou double blanc) peuvent se placer après n'importe quelle pièce des deux extrémités de la chaîne. Ce sont les seuls à être placés perpendiculairement.

Après un matador, la pièce posée doit comporter une moitié qui permet de faire un total de sept avec la moitié précédente. Si cette moitié précédente est blanche, poser une pièce comportant une moitié blanche.

4 Si un joueur ne peut plus placer ses dominos, il peut, selon la convention adoptée en début de partie, soit « bouder » (il passe son tour), soit piocher dans le talon jusqu'à ce qu'il obtienne une pièce qu'il peut placer. S'il ne reste que deux dominos dans le talon, le joueur ne peut pas piocher ; il a perdu.

5 La partie s'arrête :
- quand un joueur a placé tous ses dominos : il gagne alors les points correspondant aux dominos de ses adversaires,
- quand aucun joueur ne peut placer de dominos et que le talon ne comporte plus que deux pièces. Chacun compte alors ses points sur les dominos qui lui restent. Le joueur qui a le moins de points ajoute le total des points de ses adversaires au sien.

Lancer, attraper

Dans la famille des osselets, l'osselet rouge s'appelle le père...
Et pour ne pas faire tomber papa, il faut être agile ;
dès qu'un joueur se trompe, il passe les osselets à son voisin !

La tête de mort

dès 6 ans — 1 à 4

quelques minutes

5 osselets

But du jeu
Il s'agit de manier les osselets avec habileté pour réussir diverses figures.

1 Placer les osselets entre les doigts.

2 Mettre le père (osselet rouge) sur le dos de la main.

3 Lancer le père et le rattraper dans le creux de la main.

4 Puis faire passer les osselets qui sont entre les doigts dans le creux de la main sans s'aider de l'autre main.

La tour Eiffel

1 Prendre tous les osselets dans la main.

2 Lancer uniquement le père (osselet rouge) avec le pouce et l'index et le rattraper sur le dos de la main.

3 Poser les quatre osselets, relancer le père depuis le dos de la main, ramasser les quatre osselets et rattraper le père dans la main.

4 Faire la même chose avec trois osselets, puis deux puis un.

5 Lancer le père, taper à terre, rattraper le père, relancer le père, retaper à terre, rattraper le père.

Le karaté

1 Poser la main sur le sol, doigts écartés, et placer les osselets entre les doigts.

2 Retirer la main, lancer le père (osselet rouge) et taper entre les osselets. Puis rattraper le père de la même main.

La balayette

1 Placer les osselets comme dans le jeu du karaté. Lancer le père (osselet rouge), ramasser deux osselets et le père du premier coup.

2 Puis recommencer avec les deux autres, en laissant de côté les deux osselets précédemment lancés.

3 Replacer les osselets puis répéter le jeu en attrapant successivement trois osselets, puis un, puis quatre.

Le saucisson

1 Les osselets sont disposés comme dans le jeu du karaté.

2 Prononcer les phrases suivantes en lançant le père (osselet rouge) :
- « Je le sale »,
- « Je le poivre »,
- « Je l'huile »,
- « Je le vinaigre »,
- « Je le coupe » : on fait mine de trancher le saucisson en abattant rapidement la tranche de la main entre chaque osselet. Ce mouvement s'intercale entre le moment où on lance le père et celui où on le rattrape,
- « Je le mange » : on ramasse tous les osselets, y compris le père.

Ramasser

Les osselets étaient à l'origine de petits os de mouton très solides... ce n'est donc sûrement pas de là que vient l'expression « on ne fait pas d'omelette sans casser des os » !

L'omelette

dès 6 ans

1 à 4

quelques minutes

5 osselets

But du jeu
Il faut rattraper les osselets au vol sans en laisser tomber un seul.

1 Lancer le père (osselet rouge), prendre un osselet à terre et rattraper le père.

2 Lorsque les deux osselets sont au creux de la main, lancer les deux, ramasser un autre osselet à terre puis rattraper les trois.

3 Prendre à chaque fois un osselet de plus. Attention, si un joueur fait tomber un osselet ou le père, il perd la partie.

Variantes
Voici quelques options possibles pour ce jeu :
• au lieu de prendre les osselets un par un, on peut aussi les attraper deux par deux,
• on peut aussi poser le père, lancer les quatre osselets, ramasser le père et rattraper les quatre osselets,
• ou encore, lancer tous les osselets, frapper trois fois le sol et rattraper les osselets.

Le casse-œuf

1 Lancer le père (osselet rouge) et ramasser le premier osselet.

2 Lancer le père et le premier osselet, ramasser un deuxième osselet, et rattraper le père en laissant échapper le premier osselet.

3 Répéter toute l'opération en lançant le père avec deux osselets, puis trois, puis quatre, en laissant toujours échapper le premier osselet.

Le pont

1 Les osselets sont posés à terre, sauf le père (osselet rouge). Le pouce et l'index gauches forment un pont au sol.

2 Lancer le père, pousser les osselets à terre sous le pont, un par un, puis rattraper le père.

3 Comme pour le jeu Casse-œuf, ajouter ensuite un osselet, puis deux, puis trois, puis quatre.

Le crabe

1 « Crabe 1 » : lancer tous les osselets. Récupérer, sur le dos de la main, le père (osselet rouge). Les autres osselets peuvent tomber.

2 Si on n'a pas rattrapé le père mais un autre osselet, on peut encore réussir « crabe 1 » en ramassant les quatre autres osselets dans le creux de la main, un à un, sans faire tomber celui qui est sur le dos de la main.

3 « Crabe 2 » : relancer les cinq osselets, le père étant sur le dos de la main. Rattraper le père sur le dos de la main.

La cafetière

1 Mettre les deux mains en cafetière :

- les deux mains sont paume contre paume, position verticale,
- les deux pouces côte à côte constituent le couvercle,
- les deux index côte à côte constituent le bec verseur.
- Croiser les trois autres doigts qui formeront la cafetière en écartant les deux paumes l'une de l'autre.

2 Ramasser un osselet avec les doigts formant le bec, le lancer pour le récupérer dans la cafetière. Répéter l'opération avec chaque osselet (le père, osselet rouge, n'a pas de valeur particulière).

Simple boucle

Pour jouer avec de la ficelle, il faut avoir les doigts déliés... et ne pas tricoter dans tous les sens, sous peine de finir avec un nœud géant au lieu d'un bol, d'une assiette ou de la tour Eiffel.

Le bol sur l'assiette

dès 6 ans — 1

quelques minutes

1 mètre de cordelette fine nouée par un petit nœud

But du jeu
Il s'agit de donner à une simple ficelle les apparences les plus étonnantes.

1 Passer la ficelle devant l'annulaire, le majeur et l'index de chaque main. Tendre légèrement.

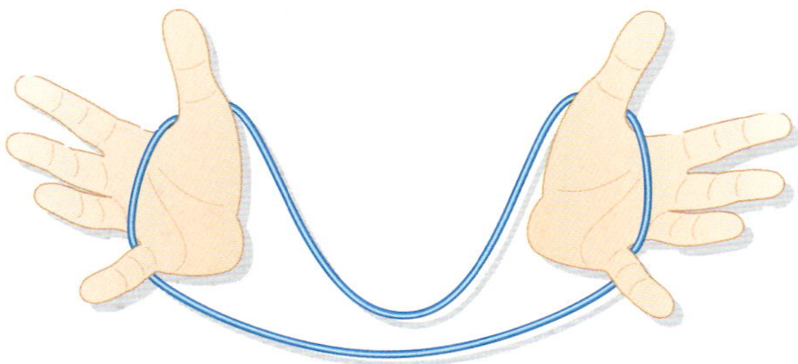

2 Passer l'index de la main droite sous la ficelle opposée. Faire la même chose avec l'index de la main gauche.

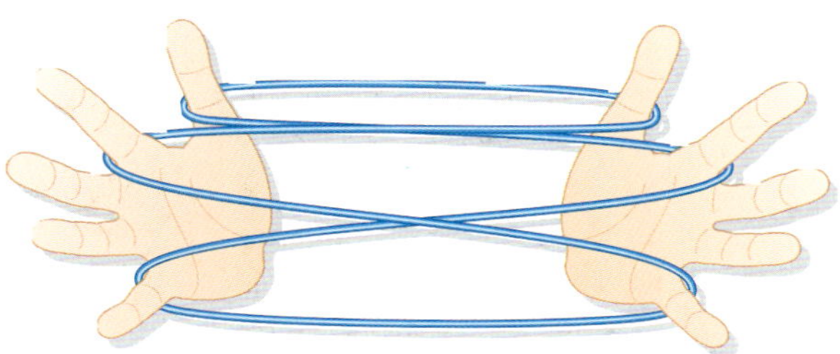

3 Faire passer les pouces sous la troisième ficelle (compter à partir de la ficelle la plus proche de soi).

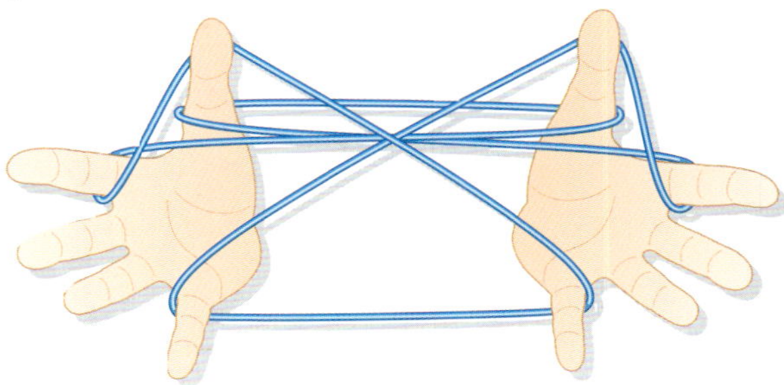

4 Faire glisser les pouces sous la première ficelle.

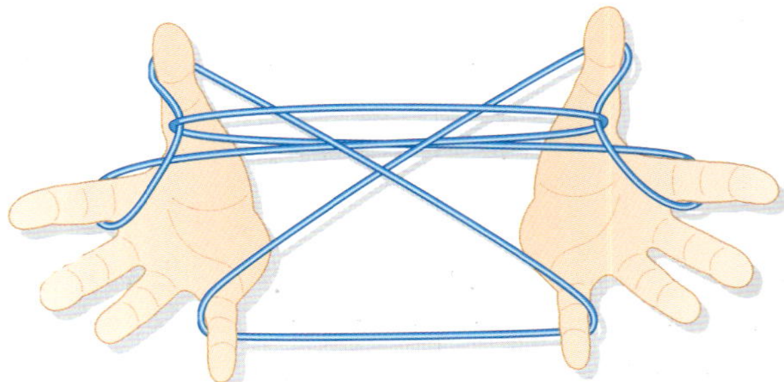

5 Lâcher la ficelle des auriculaires pour obtenir un bol.

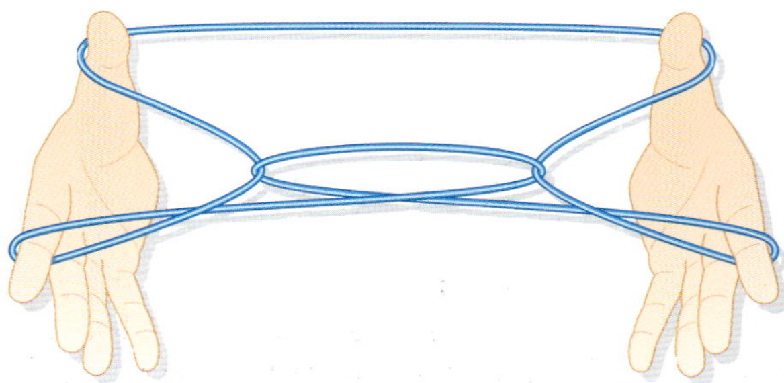

La tour Eiffel-ficelle

Pour passer du bol à la tour, attraper le haut du bol avec les dents. Lâcher les pouces et tirer vers le bas.

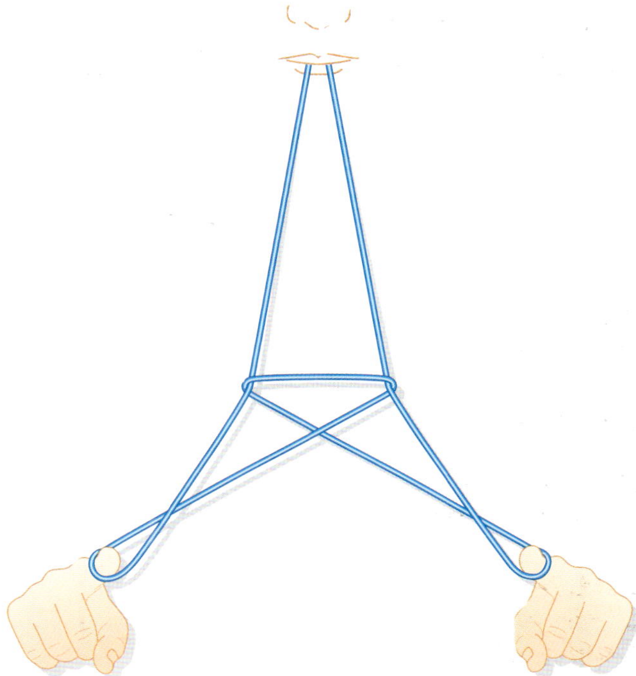

La tour Eiffel à quatre pieds

Ce jeu exige l'intervention d'un second joueur.

1 Procéder comme pour les étapes 1 et 2 du bol (voir p. 88).

2 L'autre joueur passe la main par le trou du milieu et prend par-dessous la première et la dernière ficelle. Il les tire vers le haut.

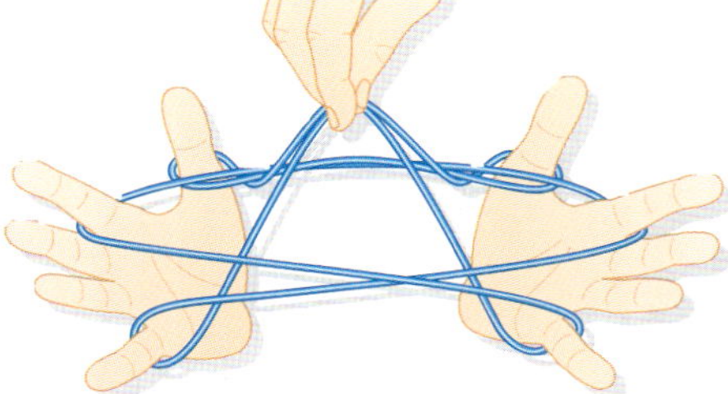

3 Le premier joueur lâche la ficelle des deux index et tire la figure vers le bas pour former une tour Eiffel à quatre pieds (voir ci-contre).

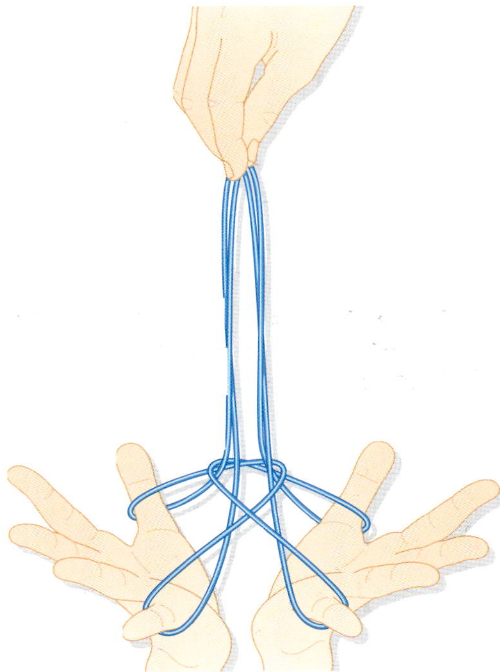

Articulations

Les Indiens Navajo baptisèrent ces jeux de ficelle *na-ash-klo*, tissage continu, et les Japonais les nommèrent *aya-ito-tor*, trame de ficelle. Trame ou tissage, le résultat est impressionnant !

La main coupée

dès 6 ans — 2

quelques minutes

1 mètre de cordelette fine nouée par un petit nœud

1 Procéder comme pour les étapes 1 et 2 du bol (voir p. 88).

2 Le deuxième joueur plonge sa main dans le trou du milieu puis la ressort par le trou formé par les pouces.

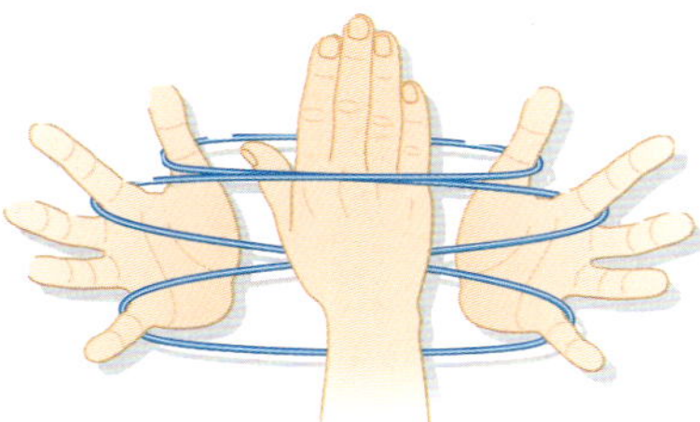

3 Le premier joueur lâche tout sauf les pouces. La main du deuxième joueur se retrouve prisonnière de la ficelle.

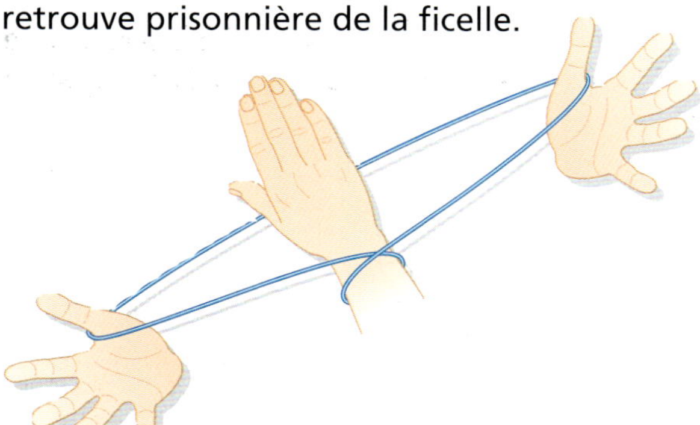

4 Le premier joueur refait les étapes 1 et 2 du bol (la main du prisonnier se trouve en-dessous).

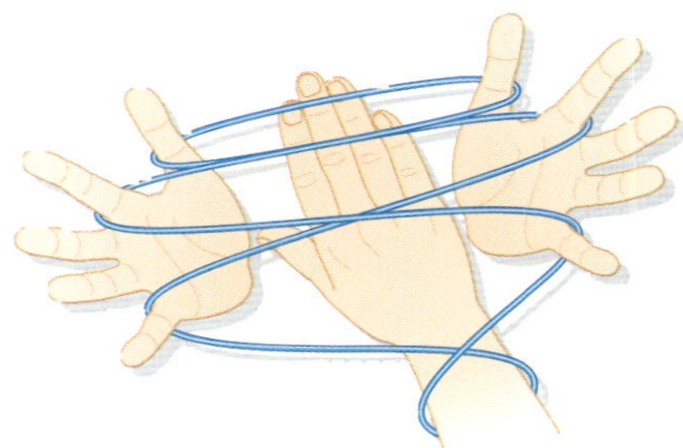

5 Le deuxième joueur repasse sa main dans le trou du milieu, par en-dessous.

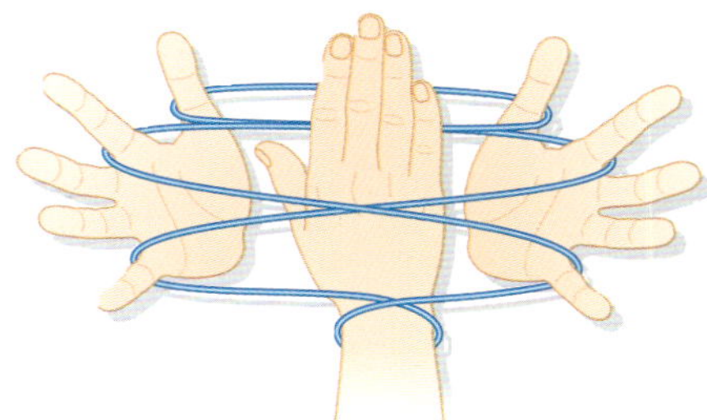

6 Le premier joueur lâche les auriculaires. La main du deuxième joueur est à nouveau libre.

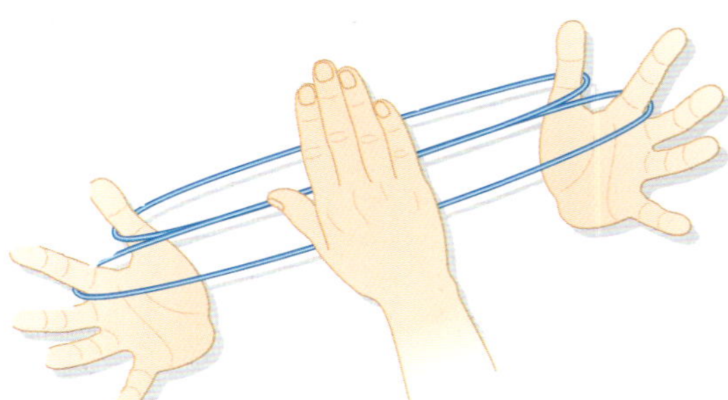

La barrière à quatre panneaux

dès 6 ans
1
quelques minutes
1 mètre de cordelette fine nouée par un petit nœud

1 Réaliser les deux premières étapes du bol (voir p. 88). Lâcher les pouces.

2 Avec les pouces, attraper par en-dessous la dernière ficelle et la tirer vers soi. Les pouces doivent être à l'intérieur de la ficelle.

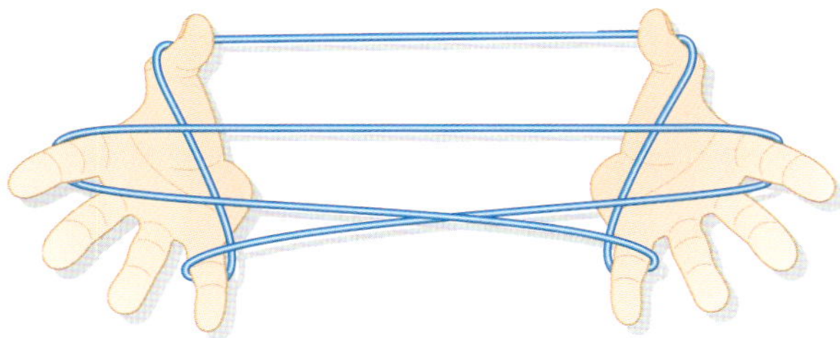

3 Passer les pouces au-dessus de la deuxième ficelle pour aller chercher la troisième ficelle. Lâcher les auriculaires.

4 Avec les auriculaires, passer au-dessus de la quatrième ficelle pour prendre la troisième ficelle.

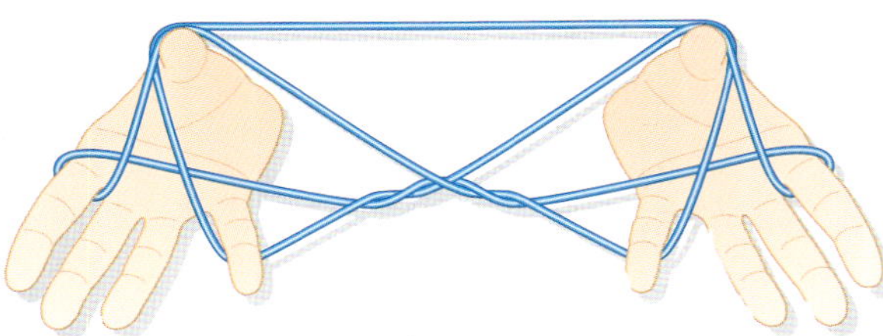

5 Lâcher les pouces. Avec les pouces, passer au-dessus des deux premières ficelles pour attraper la troisième.

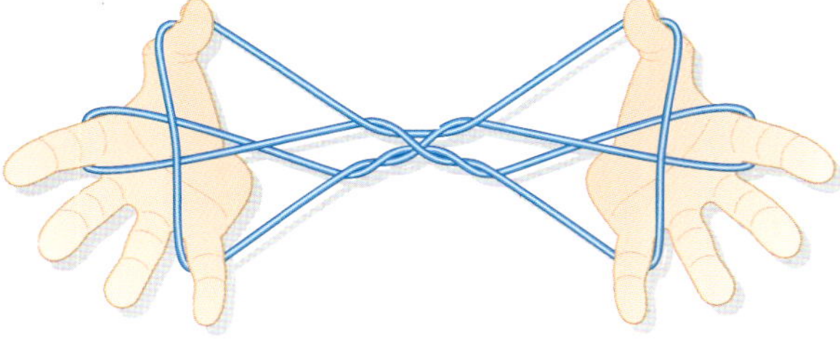

6 Glisser les pouces dans les boucles des index.

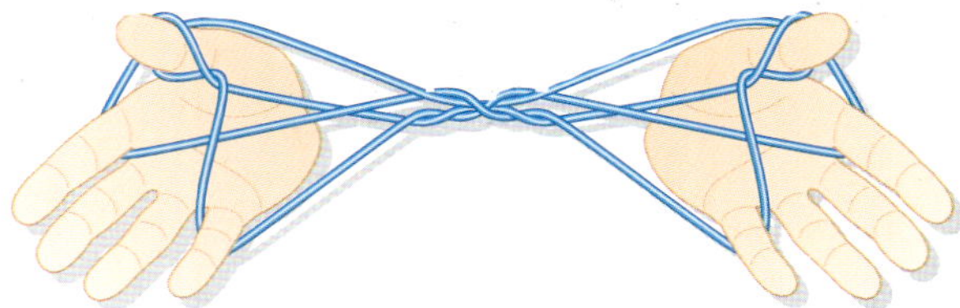

7 Plonger les pouces entre la première et la deuxième ficelle.

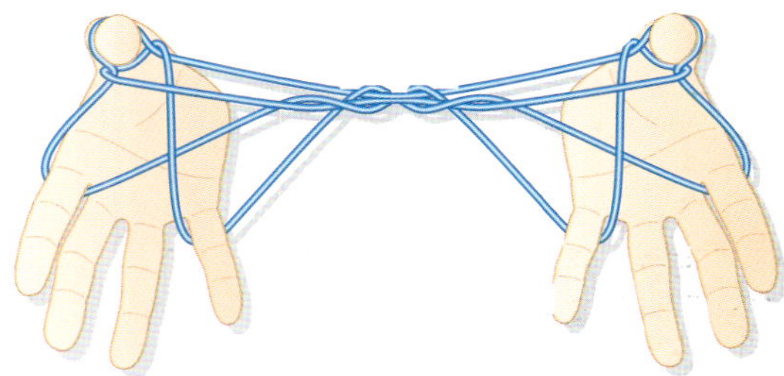

8 Mettre les index dans les premiers triangles au-dessous des pouces.

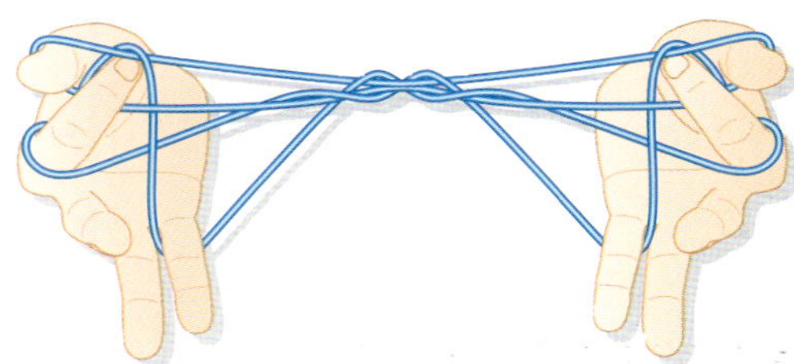

9 Lâcher les auriculaires. Par une torsion de la main, vous obtenez une barrière à quatre panneaux.

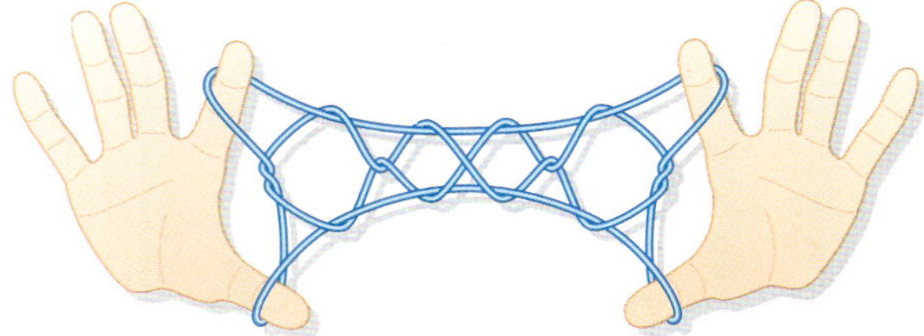

Mains habiles

Cette histoire peut se raconter tout en exécutant les figures successives. Il faut parler lentement pour rester concentré sur la ficelle... Et quelle surprise de voir apparaître un parachute ou une chaussette au détour du récit !

Le parachute

dès 6 ans — 1

quelques minutes

1 mètre de cordelette fine nouée par un petit nœud

« Ma grand-mère de Caen a trouvé son américain de mari le jour du débarquement, suspendu au clocher grâce à son parachute. Avec la toile de ce parachute, bien plus tard, elle a fait un pantalon à papa et un tablier pour maman. Mais tout le monde sait bien qu'avec les fils qui restaient elle s'est tricotée une chaussette. Et depuis ce jour, elle regarde le clocher pour qu'un autre américain descende du ciel avec de quoi faire la seconde chaussette. »

1 Réaliser les deux premières étapes du bol sur une seule main (voir p. 88).

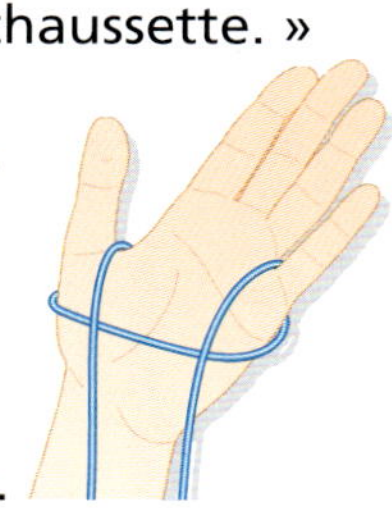

2 Avec l'autre main, tirer la ficelle du milieu, puis lâcher.

3 Tirer à nouveau la ficelle du milieu.

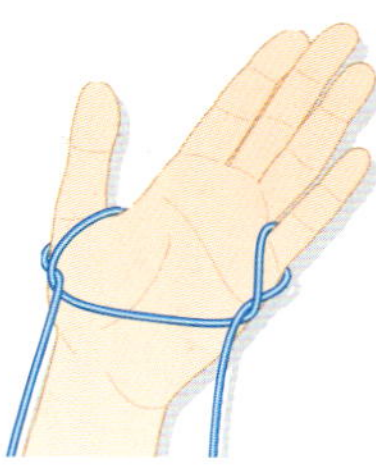

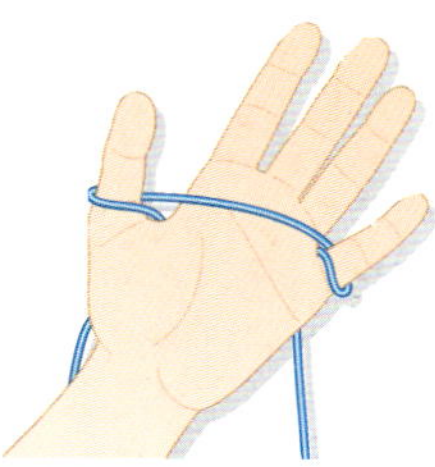

4 Passer la ficelle de l'autre côté de la main.

5 Avec la main libre, tirer sur les boucles du pouce et de l'auriculaire.

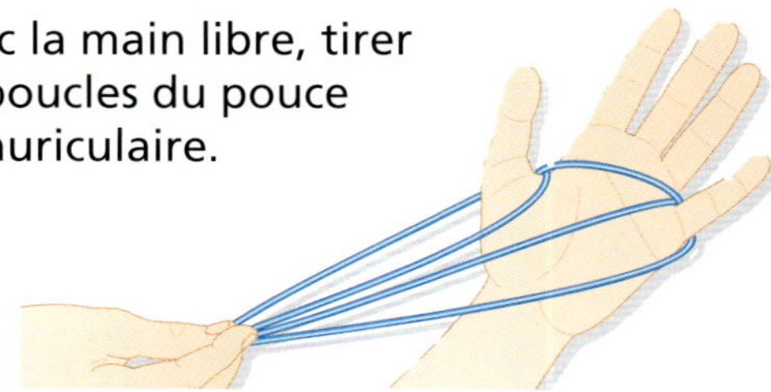

6 Passer les deux boucles de l'autre côté de la main en plaçant un doigt entre chaque fil.

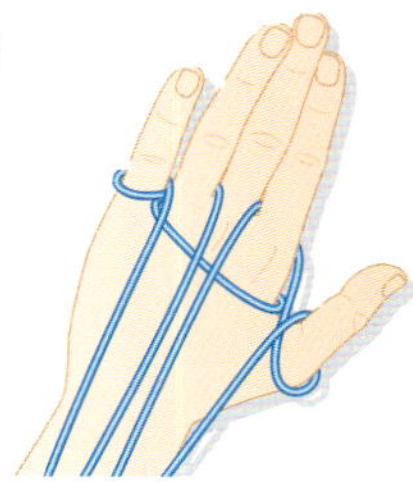

7 Glisser les quatre brins sous le fil situé sur le dos de la main. Les lâcher.

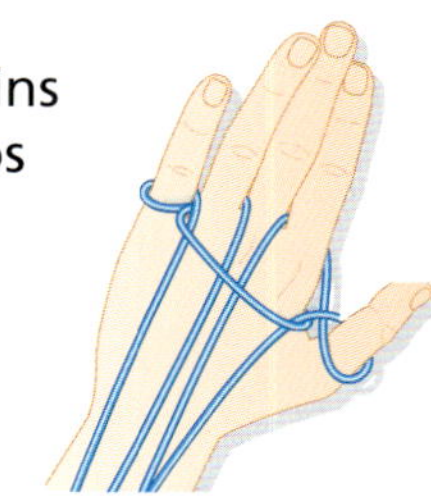

8 Puis, faire passer le fil du dessus de l'autre côté de la main et le tirer vers soi. Apparaît un beau parachute déployé !

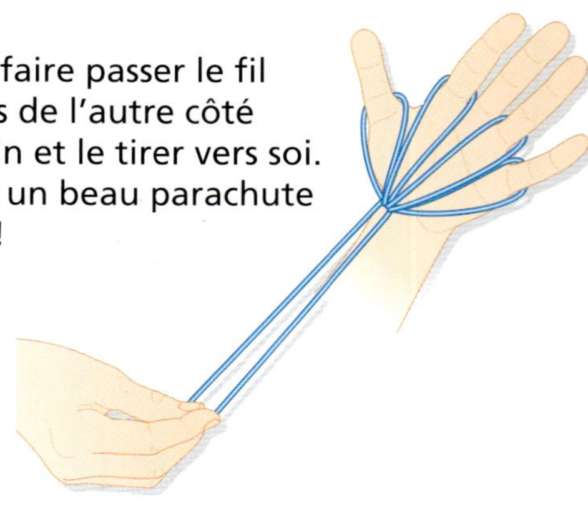

Le pantalon de papa

9 Lâcher le bas du parachute. Avec la main libre, attraper les boucles à l'arrière de l'index et de l'annulaire et les faire passer par-dessus les doigts. Tirer vers le bas.

10 On obtient le pantalon de papa avec deux belles poches !

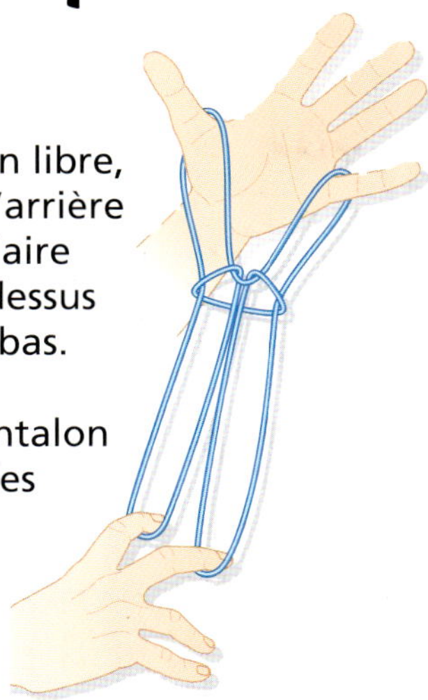

Le tablier de maman

11 Lâcher le bas du pantalon. Passer le majeur et l'index de la main libre dans les deux poches du pantalon. Tirer vers le bas.

12 On obtient le tablier de maman !

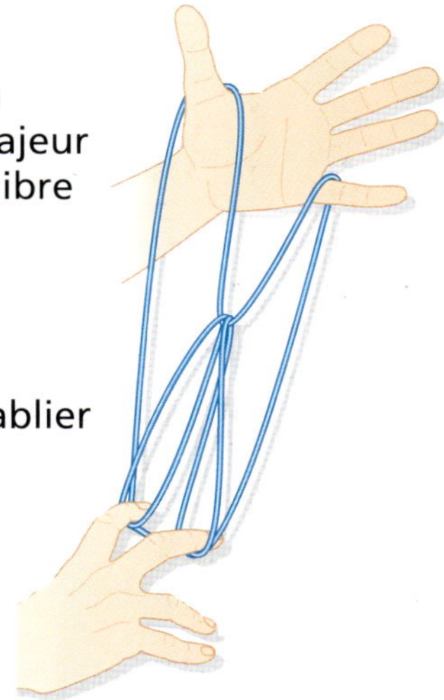

La chaussette de grand-mère

13 Lâcher l'auriculaire. On obtient la dernière figure : la chaussette de grand-mère.

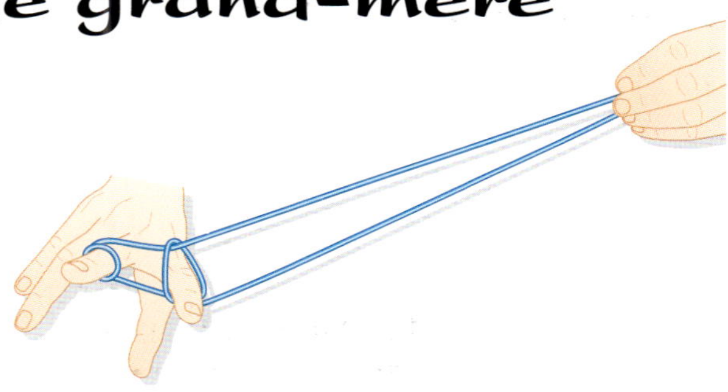

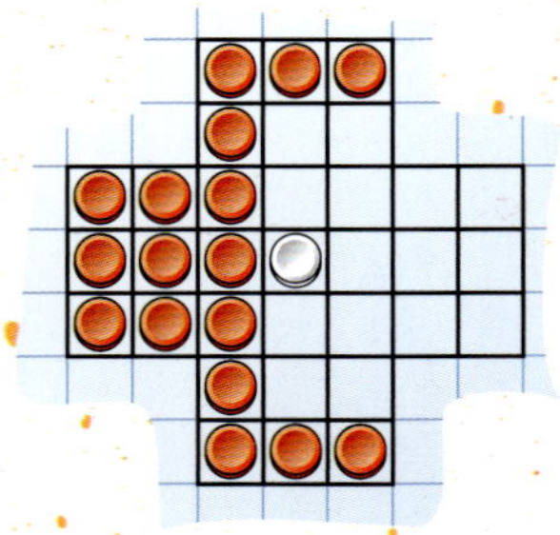

Réfléchir et laisser mijoter l'adversaire quand on joue à deux, voilà la recette des jeux de stratégie.

Rien de plus simple en apparence : de petits cailloux en guise de pions, une feuille de papier pour le plateau… Mais pour gagner à ces jeux de réflexion, il faut de l'endurance. Gare aux neurones essoufflés et aux cerveaux épuisés ! D'ailleurs, rien qu'à leur nom, on sait que certains de ces jeux n'ont rien d'une promenade du dimanche : chèvres et tigres, bataille navale, la prison… Pour un peu, on prendrait un bouclier avant d'avancer ses pions !

Pas de panique : il suffit de tendre des pièges à l'adversaire et d'être patient… il finira par tomber dedans !

Jeux de stratégie

Marelles

Au jeu de la marelle traditionnelle, il faut sauter à cloche-pied. Ouf ! Le jeu de la marelle moulin est bien moins fatigant... sauf pour les méninges. Quant au dara, n'en parlons pas !

Marelle moulin

dès 7 ans

2

15 minutes

papier quadrillé, 1 crayon, 6 pions de deux couleurs, (petits cailloux, haricots secs, etc.)

But du jeu

Il faut faire le plus de « moulins » possible. Pour cela, les joueurs tenteront d'aligner trois pions de la même couleur. Le gagnant est celui qui en fera le plus.

1 Reproduire le diagramme 1, 2, 3 ou 4 sur une feuille de papier quadrillée :

2 Chaque joueur reçoit trois pions. Celui qui commence la partie est tiré au sort.

3 Les joueurs posent à tour de rôle un pion sur l'intersection de deux lignes (à condition qu'elle soit libre) et tentent d'en aligner trois. Les pions doivent se suivre, c'est-à-dire qu'il ne peut y avoir d'intersection libre entre eux.

4 Quand tous les pions sont posés, déplacer les pions d'une intersection à l'autre afin d'aligner d'autres pions par trois en suivant obligatoirement un trait.

5 Le joueur doit empêcher son adversaire de « faire un moulin » en posant son pion entre ceux de l'autre joueur.

1

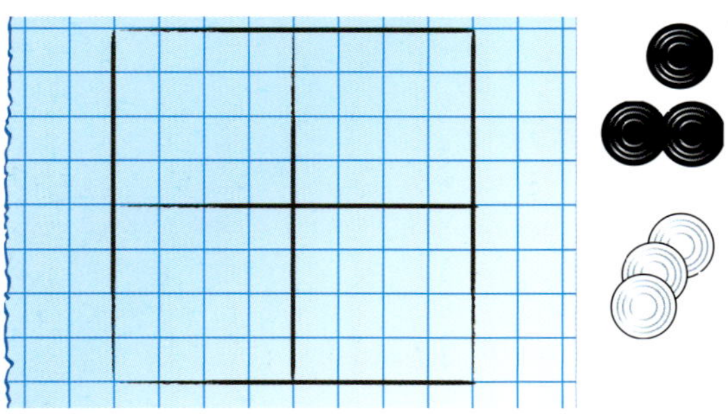

3

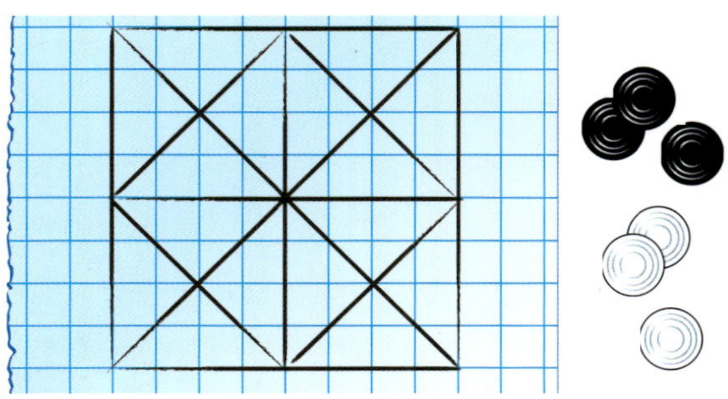

2

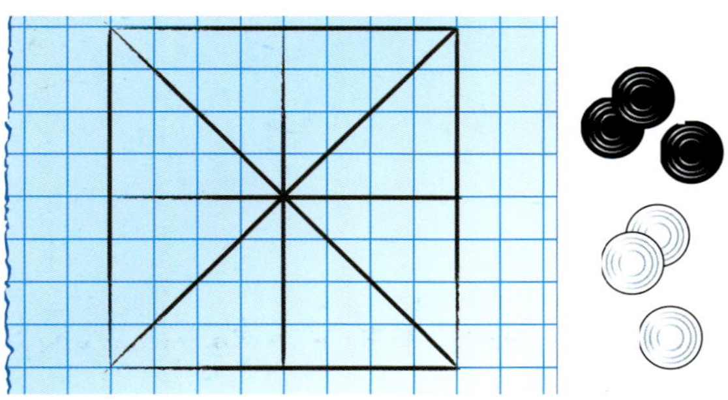

4

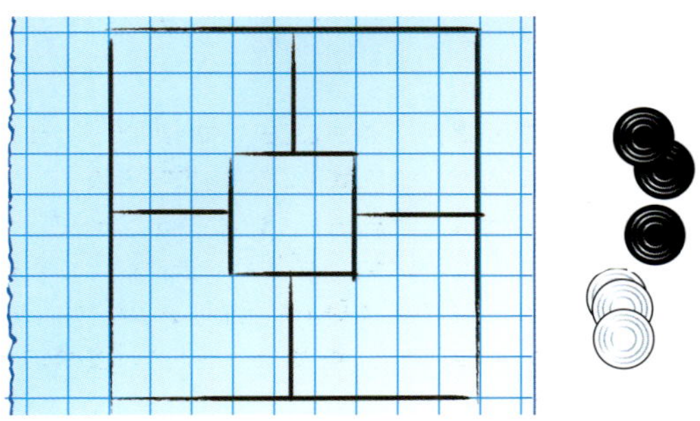

Variantes

On peut jouer avec cinq ou six pions par personne sur la grille 5, ou avec neuf pions sur la grille 6. Les règles du jeu sont les mêmes. Cependant, le joueur qui réussit à faire un moulin prend un pion à l'adversaire. Le jeu se poursuit et le gagnant est celui qui ne laisse que deux pions à l'autre joueur.

6

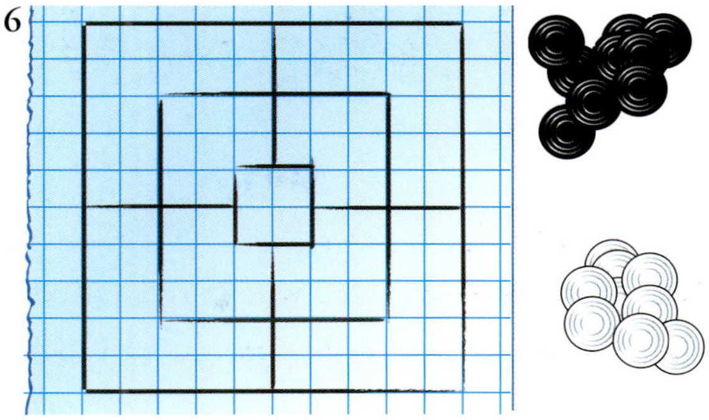

5

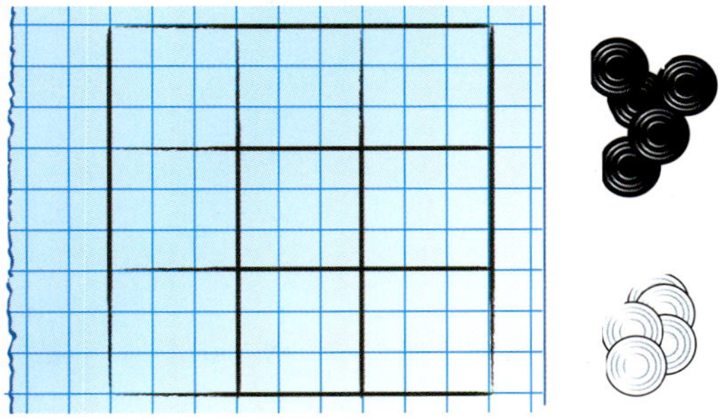

Le nom de ce jeu vient du latin *merellus* qui signifie « pion ».

Le dara

dès 7 ans — 2

15 minutes

papier, 1 crayon, 24 pions de deux couleurs différentes

Cette variante de la marelle moulin se joue avec un diagramme composé de trente ronds (voir illustration ci-contre). Les règles sont les mêmes que pour la marelle moulin à trois pions. Néanmoins, les pions ne peuvent être déplacés qu'à la verticale ou à l'horizontale, jamais en diagonale.

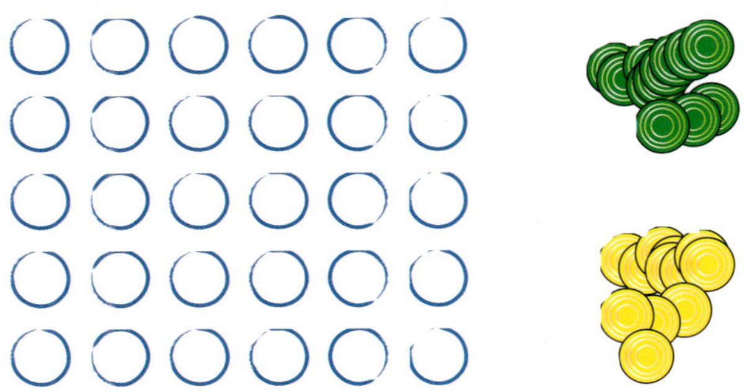

Cette variante de la marelle est d'origine africaine.

Morpions

Une feuille de papier, un crayon, et c'est parti pour le morpion. Pour gagner, il faut aligner cinq croix ou cinq ronds. Cela paraît tout simple... tant qu'on n'a pas essayé de jouer !

Morpion solitaire

dès 8 ans — 1

10 minutes

papier quadrillé, crayons de couleur

But du jeu
En ajoutant une seule croix à chaque coup, on tente d'en aligner cinq.

1 Reproduire une grande croix composée de 36 croix, comme le modèle ci-dessous.

2 Ajouter une seule croix qui permette d'aligner cinq signes. Il n'est pas obligatoire que les croix se touchent pour être alignées.

3 Au crayon de couleur, repasser sur les croix traversées. Attention ! L'alignement suivant ne doit pas passer par la croix que l'on vient de tracer.

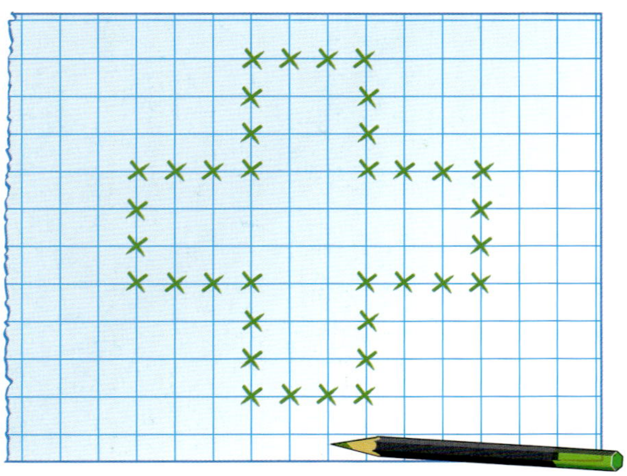

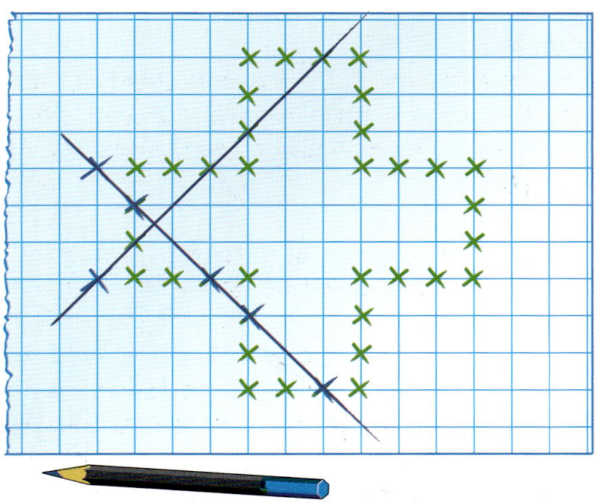

Morpion carreaux

dès 6 ans

2

5 à 15 minutes

papier quadrillé, 2 crayons

But du jeu
Il faut aligner cinq signes, ronds ou croix, avant son adversaire, qui tente d'en faire autant avec les signes qu'il a choisis. Il faut faire preuve de stratégie pour y parvenir !

1 L'un des joueurs trace un carré de dix carreaux de côté sur une feuille de papier.

2 Un rond ou une croix, chacun choisit son symbole. Celui qui commence est tiré au sort.

3 À tour de rôle, chaque joueur dessine son symbole à l'intérieur d'un carreau.

4 Le gagnant est celui qui, le premier, réussit à aligner cinq ronds ou cinq croix, à l'horizontale, à la verticale ou en diagonale.

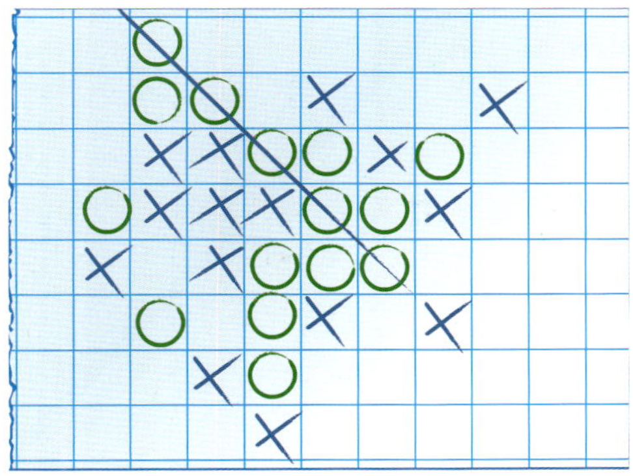

Morpion pleine page

dès 6 ans

2

5 à 15 minutes

papier quadrillé, 2 crayons

But du jeu
Dans cette variante du morpion classique, on ne dessine pas de cadre limitatif. Il s'agit de former un maximum de lignes de cinq signes, croix ou ronds.

1 Chaque joueur choisit entre les ronds et les croix. Celui qui commence est tiré au sort.

2 À tour de rôle, les joueurs tracent le signe de leur choix sur les intersections des lignes de la feuille quadrillée jusqu'à remplir la feuille. Quand un joueur parvient à tracer cinq signes qui se suivent, il peut les relier par un trait.

3 Un signe ne peut être pris en compte qu'une seule fois pour former une ligne de cinq signes consécutifs. Attention, les lignes ne doivent jamais se croiser.

4 Les joueurs remplissent toute la feuille, puis comptent le nombre de lignes complètes par joueur. Le gagnant est celui qui a réussi à tracer le plus de lignes.

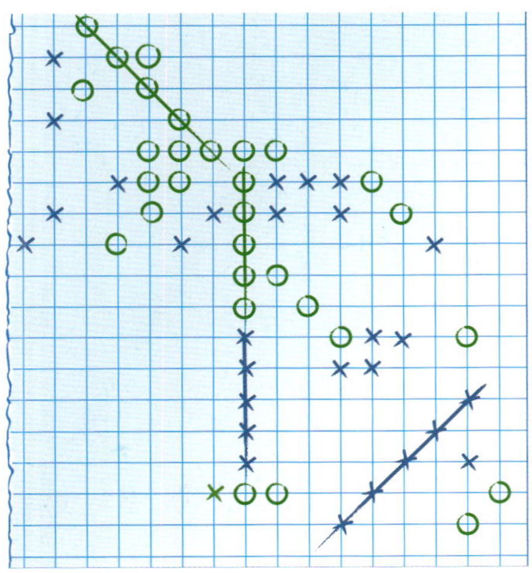

Attrape-moi !

Pour jouer à l'alquerque ou aux chèvres et tigres, pas de quartier : les pions se font dévorer les uns après les autres. Et plus le festin est grand, plus la victoire est proche !

L'alquerque

- dès 8 ans
- 2
- 15 à 30 minutes
- papier quadrillé, 1 crayon, 24 pions de deux couleurs différentes

But du jeu
Chaque joueur essaye de prendre tous les pions de son adversaire.

1 Reproduire le diagramme ci-dessous et placer les pions sur les intersections en suivant le modèle.

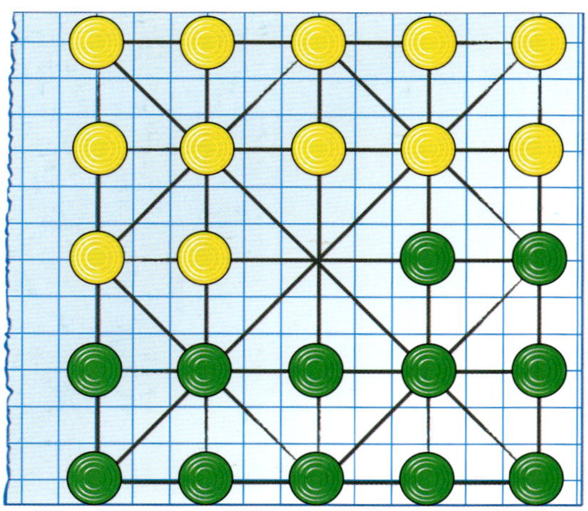

2 Les joueurs disposent chacun de douze pions d'une couleur. Ils les déplacent, à tour de rôle, en suivant les traits vers un point d'intersection libre. Mais attention : il est interdit de reculer.

3 Pour prendre un pion, le joueur doit faire passer son pion par-dessus le pion adverse. Celui-ci est retiré du jeu. Pour ce faire, il faut que le pion de l'adversaire se trouve sur un point d'intersection voisin et que la case située immédiatement après soit vide.

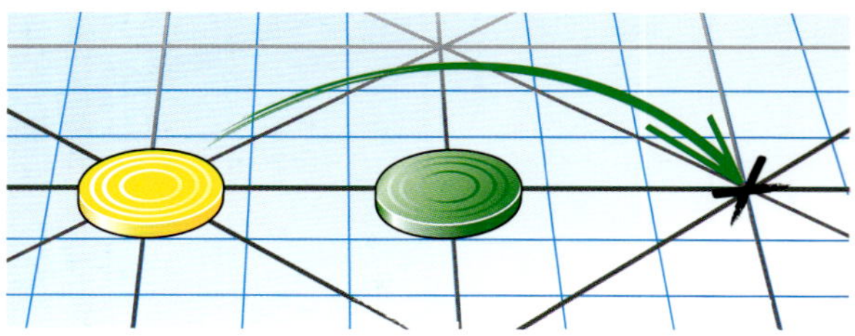

4 Le joueur peut prendre plusieurs pions à la fois en changeant de direction si les conditions précédentes sont réunies.

Attention ! La prise est obligatoire. Si le joueur ne prend pas le ou les pions alors qu'il peut le faire, son pion est retiré du jeu par son adversaire. De même, un pion peut être retiré du jeu s'il ne réalise pas toutes les prises possibles.

En arabe, ce jeu s'appelle el quirkat. On y jouait déjà au Moyen-Orient, 1 400 ans avant Jésus-Christ. Il fut introduit en Espagne lors de l'invasion par les Maures.

Chèvres et tigres

dès 8 ans — 2

10 minutes

papier, 1 crayon,
2 pions noirs (tigres),
20 pions blancs (chèvres)

But du jeu

Les tigres doivent dévorer les chèvres qui doivent les encercler pour les bloquer.

1 Les pions représentant les chèvres sont empilés par cinq. Disposer les pions comme suit :

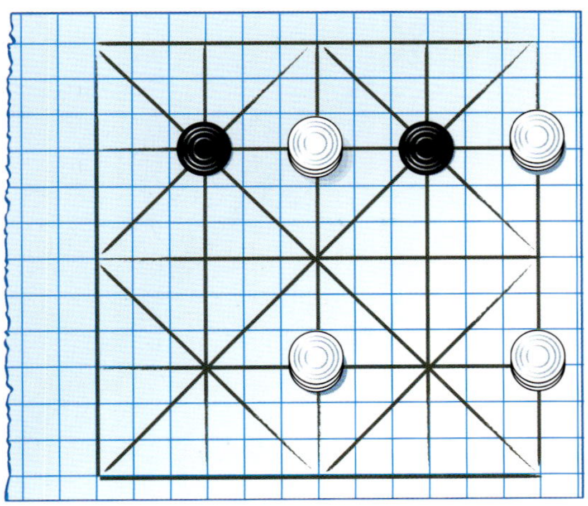

2 Tirer au sort pour déterminer qui jouera les chèvres et qui jouera les tigres. Le joueur qui joue les chèvres commence. Il avance un de ses pions sur un point d'intersection de lignes.

3 À tour de rôle, les joueurs déplacent leurs pions vers l'intersection voisine libre, dans n'importe quelle direction.

4 Pour prendre une chèvre, le tigre doit sauter par-dessus le pion, en ligne droite ou en diagonale. S'il saute par-dessus une pile de pions, le tigre ne peut prendre que le pion supérieur. Il peut effectuer plusieurs sauts successifs et ainsi prendre plusieurs pions en un tour.

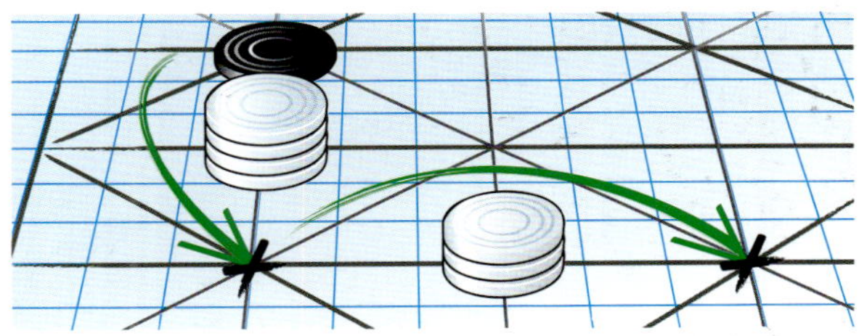

5 Les tigres gagnent s'ils capturent toutes les chèvres. Mais si celles-ci parviennent à immobiliser les deux félins en les encerclant, elles remportent la victoire.

Vite, courons...

Les hyènes, c'est bien connu, ne rêvent que d'une chose : dévorer les villageoises qui vont laver leur linge... C'est du moins le cas dans ce jeu où plus on court vite, plus on est chanceux !

Jeu de l'hyène

dès 8 ans

2 et plus

20 minutes

papier quadrillé, crayon, petits pions de couleurs différentes (mère), 1 grand pion (hyène), 3 pièces de monnaie, des tabas (cailloux ou jetons)

But du jeu

Les mères se hâtent de revenir au village afin de ne pas se faire manger par l'hyène lâchée par la première mère arrivée. Mais, le parcours est semé d'embûches...

1 Reproduire le diagramme ci-dessous :

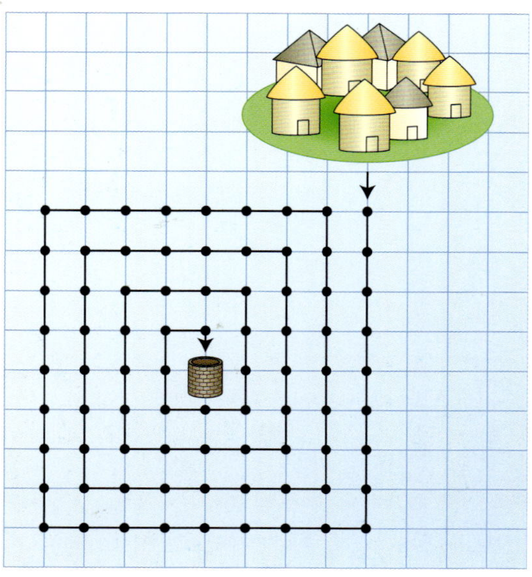

2 Les joueurs disposent chacun d'une mère. Les mères doivent aller jusqu'au puits pour laver leur linge puis revenir au village.

3 À tour de rôle, les joueurs lancent les pièces pour obtenir des tabas.

- 3 pièces côté face = 12 tabas,
- 3 pièces côté pile = 6 tabas,
- 2 pièces côté face + 1 pièce côté pile = 4 tabas,
- 2 pièces côté pile + 1 côté face = 1 taba.

Les joueurs avancent d'autant de cases que le nombre de tabas reçus. Il peut y avoir plusieurs pions sur la même case.

4 Le parcours se déroule en quatre étapes :

- *sortir du village pour aller au puits* : il faut d'abord mettre un taba dans le pot commun puis lancer les pièces pour pouvoir avancer. Il faut obtenir un chiffre

exact. Si ce n'est pas le cas, le joueur peut payer autant de tabas que de cases manquantes ou supplémentaires et les mettre dans le pot commun. Une fois au puits, le joueur passe à l'étape suivante ;

• *laver son linge au puits* : il faut pour cela payer deux tabas. Le joueur cède ensuite son tour ;

• *rentrer au village* : les mères doivent faire le parcours inverse, en lançant les pièces pour avancer, puis payer deux tabas en arrivant au village. Il n'est pas nécessaire de tomber juste sur la case d'arrivée ;

• *lâcher l'hyène* : le premier joueur qui revient au village peut lâcher l'hyène en échange de deux nouveaux tabas. L'hyène doit aller au puits et revenir au village. Elle avance deux fois plus vite puisque chaque coup compte double. Elle se désaltère une fois arrivée au puits, et paie 10 tabas pour repartir. C'est seulement sur le chemin du retour qu'elle peut dévorer les mères en les dépassant ou en s'arrêtant sur la même case qu'elles.

5 Les perdants sont ceux dont la mère a été dévorée. Les autres joueurs se classent par ordre d'arrivée.

Variante

Pour que le jeu soit plus dynamique, les joueurs peuvent aussi décider que l'hyène sort en même temps que la première mère qui quitte le village. Cette dernière ne peut être dévorée, car elle est la maîtresse de l'hyène. On la désignera au sort en début de partie. À l'aller, l'hyène avance à la même vitesse que sa maîtresse. Elle ne peut manger d'autres mères qu'au retour du puits, quand elle avance deux fois plus vite.

À l'abordage !

Quelle fierté de diriger une flotte de sous-marins et de cuirassés ! Mais attention : pour parer les attaques, il faut savoir viser. Voici donc un jeu de stratégie pour marins endurcis.

Bataille navale

dès 8 ans — 2

30 minutes

papier quadrillé, crayons de couleur

But du jeu
Dans ce jeu de stratégie et de tactique, il s'agit de couler le premier l'intégralité de la flotte de son adversaire.

1 Chaque joueur trace sur son papier deux carrés de dix carreaux de côté. Chaque case correspond à :
- un chiffre allant de 1 à 10 sur l'axe vertical,
- une lettre allant de A à J sur l'axe horizontal.

2 Sur la première grille, chaque joueur trace en secret sa propre flotte composée de :
- 1 cuirassé amiral (4 carreaux),
- 2 croiseurs (3 carreaux chacun),
- 3 torpilleurs (2 carreaux chacun),
- 4 sous-marins (1 carreau chacun).

Les bâtiments ne peuvent ni se toucher, ne serait-ce que par un coin, ni être déplacés. Par ailleurs, s'ils peuvent être collés à la grille, ils ne doivent être placés à aucun coin.

3 La seconde grille permet de noter ses propres tirs sur la flotte adverse.

4 Le premier attaquant est tiré au sort. Il tire un coup de canon en désignant une case, par exemple A5.

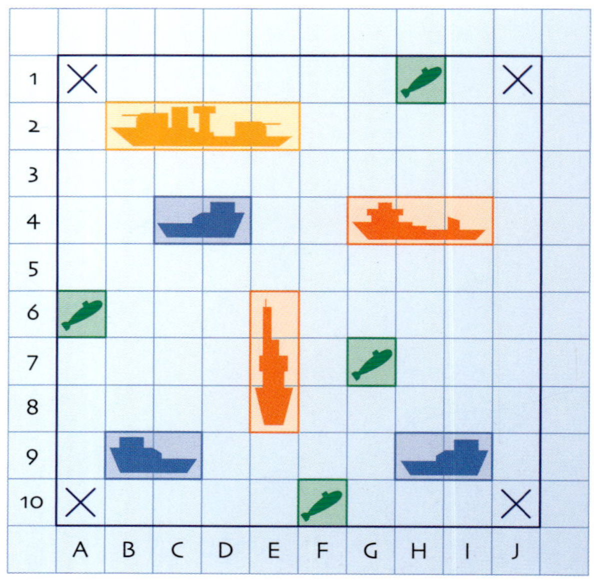

5 Le second joueur répond :
- « A5 dans l'eau » si le tir tombe à côté,
- « A5 touché » si une partie du bâtiment correspond à la case choisie par son adversaire,
- « A5 coulé » si l'intégralité du bâtiment est touchée.

6 Chaque joueur marque d'une croix ou colorie la case correspondant aux tirs réussis ou marque d'un point les tirs manqués sur la grille.

Astuce
Lorsqu'un joueur a réussi à couler un bâtiment, il peut d'emblée marquer d'un point toutes les cases qui l'entourent.

Variantes

Une fois que le jeu a été bien compris par les joueurs, il est possible d'y apporter quelques variantes :

- pour multiplier leurs chances, les joueurs peuvent annoncer trois coups à la fois ;
- il est aussi possible d'organiser un tournoi. Les gagnants des premières batailles navales s'affrontent ensuite au cours d'une deuxième partie ;
- plus drôle et plus original encore, on peut aussi jouer « en volume ». Il suffit pour cela de reproduire les plateaux de jeu en grand format sur une table et de découper des cubes dans du polystyrène pour représenter les différents bâtiments. Placer un grand carton à dessin en équilibre au milieu de la table pour conserver le secret. Former deux équipes de plusieurs joueurs, chacune dirigée par un capitaine. Chaque joueur possède un ou plusieurs bâtiments. Le capitaine propose un tir. Si un bâtiment est touché, le joueur qui en est responsable répond. Si aucun bâtiment n'est touché, c'est le capitaine qui répond.

Solo ou duo ?

Au jeu du renard et des oies, il faut être rusé comme un goupil pour venir à bout de l'adversaire. Mais au solitaire, on est son propre adversaire : difficile de gagner contre soi-même !

Solitaire

dès 8 ans
1
30 minutes
papier quadrillé, 1 crayon, 36 pions

But du jeu
Au terme de la partie, un seul pion doit subsister sur le plateau. Il faut pour cela éviter d'isoler les pions.

1 Reproduire le diagramme ci-dessous et déposer les pions sur toutes les cases sauf celle du milieu.

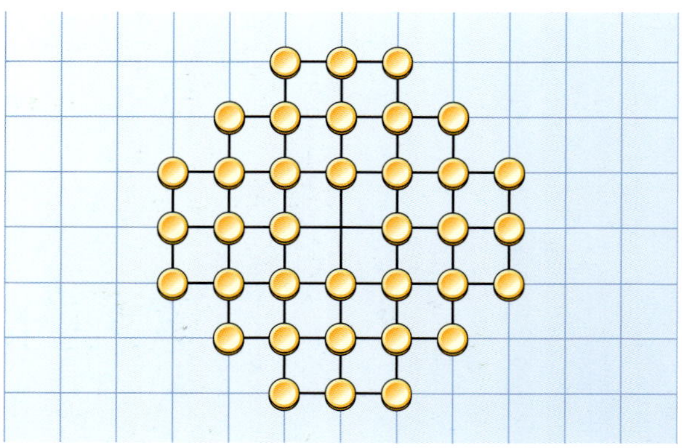

2 Le joueur déplace ses pions en sautant par-dessus les autres dans le sens vertical ou horizontal. Pour cela, il faut que la case suivante soit libre. Le pion enjambé est éliminé du plateau.

3 Le joueur gagne lorsqu'il n'y a plus qu'un seul pion sur l'une des cases du plateau.

Variante
Ce jeu se joue également sur un diagramme de 33 cases avec 32 pions. Il s'agit alors du solitaire anglais.

Autres diagrammes de départ
Placer les pions comme indiqué ci-dessous :

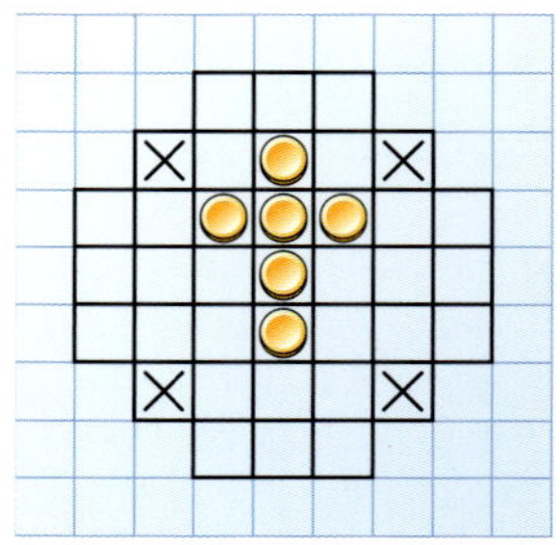

La croix simple (6 pions).

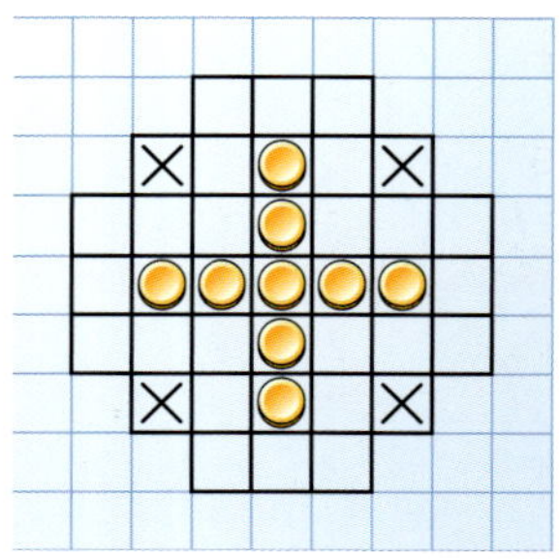

La croix (9 pions).

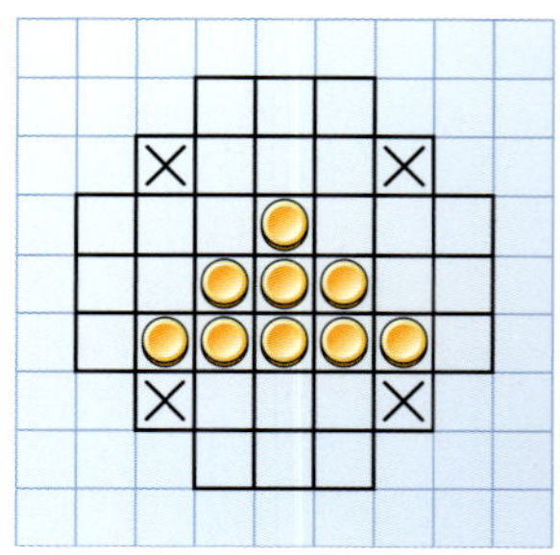

Le triangle (9 pions)

Les règles sont les mêmes que pour le solitaire traditionnel, mais le nombre et la disposition des pions diffèrent.
Pour gagner, il faut supprimer tous les pions sauf un qui doit rester au centre du plateau.

Le renard et les oies

dès 8 ans — 2

30 minutes

grille ou plateau de solitaire, 17 pions d'une couleur (oies) et 1 pion d'une autre couleur (renard)

But du jeu
Le renard doit manger toutes les oies qui, pour se défendre, doivent l'encercler.

1 Sur le diagramme du solitaire, disposer le renard et les oies selon le modèle suivant :

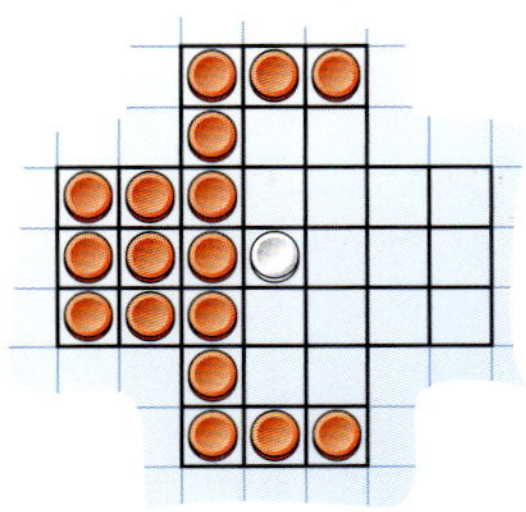

2 Tirer au sort pour déterminer qui jouera les oies et qui jouera le renard.

3 Le meneur d'oies commence. Il avance un pion sur une case libre à côté. Les oies se déplacent soit en avant, soit sur le côté, mais ne peuvent ni reculer, ni aller en diagonale.

4 Le renard, lui, se déplace case par case et dans toutes les directions. Il doit éliminer les oies en sautant par-dessus. Il peut éliminer plusieurs oies à la fois comme au jeu de l'alquerque (voir p. 100).

5 Le renard gagne s'il parvient à manger toutes les oies. Mais si les oies réussissent à l'encercler pour l'immobiliser, elles gagnent !

À carreau !

Comment ne pas se retrouver sur le carreau à ces jeux quadrillés ? En bloquant l'adversaire : qu'il se tienne à carreau, et d'un carré à l'autre, la voie de la victoire est tracée !

Pipopipette

dès 6 ans

2

15 minutes

papier quadrillé, 2 crayons de couleur

But du jeu
Il faut couvrir la grille d'un maximum de carreaux personnalisés et empêcher l'adversaire d'en faire autant.

1 Sur le papier quadrillé, tracer une grille de 8 carreaux de côté. Chaque joueur choisit un crayon de couleur. Le premier joueur est tiré au sort.

2 Chacun leur tour, les joueurs soulignent au crayon un côté d'un des carreaux. Attention, le bord du cadre compte également pour un côté.

3 Quand un joueur parvient à fermer un carreau, il en colorie la surface intérieure et rejoue immédiatement.

4 Quand la grille est entièrement remplie, chacun compte ses carreaux coloriés. Celui qui en a le plus remporte la partie.

Variante
Pour une partie plus brève, on peut se contenter de tracer une grille de 36 ou 49 cases (soit 6 ou 7 carreaux de côté).

La prison

dès 6 ans

2

10 minutes

papier quadrillé, 2 crayons de couleur

But du jeu
Le jeu consiste à bloquer l'adversaire de telle sorte que celui-ci ne puisse plus prolonger son trait de couleur.

1 Délimiter une zone de jeu sur le papier quadrillé. Chaque joueur prend un crayon de couleur différente.

2 Le premier joueur trace un trait sur le côté d'un carreau. Le second en fait autant sur un autre carreau.

3 Chaque joueur progresse en ajoutant un segment supplémentaire, sans jamais sortir de la zone délimitée et sans franchir la ligne tracée par son adversaire.

4 Le premier joueur qui parvient à empêcher l'autre de poursuivre son trait a gagné.

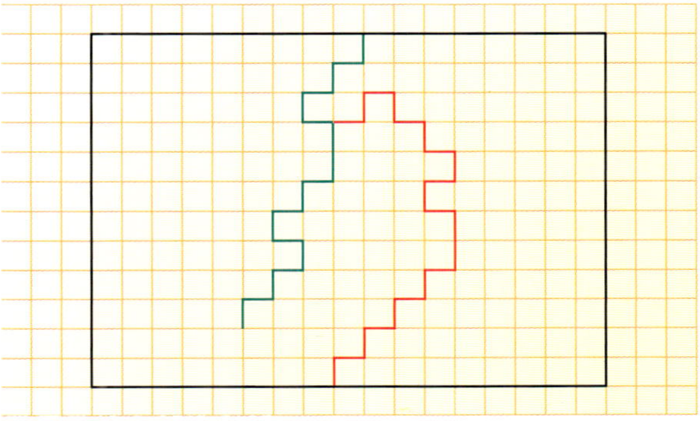

Deux chemins

dès 6 ans

2 ou 3

15 minutes

papier quadrillé, crayons de couleur

But du jeu
En avançant case par case dans un périmètre délimité, il faut être le premier à atteindre la ligne d'arrivée.

1 Délimiter une zone de jeu sur le papier quadrillé. Indiquer la ligne de départ et la ligne d'arrivée.

2 Chaque joueur avance en suivant les lignes du quadrillage ou en traçant une diagonale qui joint les angles d'un carreau.

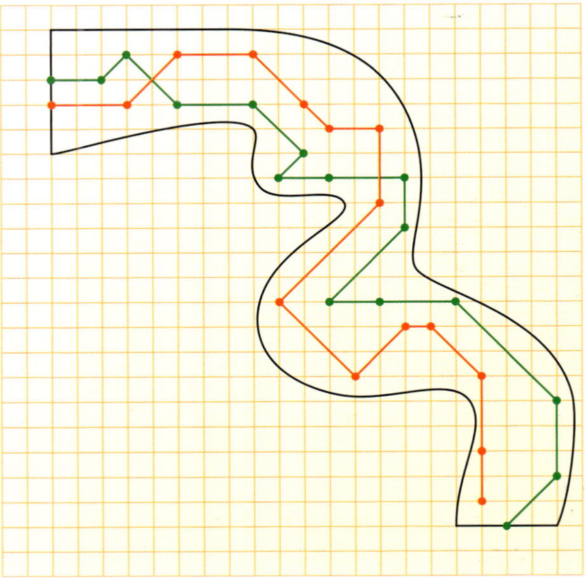

Attention ! Il ne faut pas toucher les bords de la piste. Le joueur peut avancer d'un carreau de plus ou de moins que le tour précédent.

3 Le premier joueur arrivé a gagné.

Encerclements

Que l'on prenne son pion pour un nain, pour un géant, ou pour un pion, tout simplement, il faut le protéger... L'adversaire tente par tous les moyens de s'en emparer !

Les nains et le géant

dès 8 ans — 2

2 minutes

papier quadrillé, 1 crayon, 3 pions d'une couleur (les nains), 1 pion d'une autre couleur (le géant)

But du jeu
Les nains doivent immobiliser le géant sur la case 9. Ce dernier tâche de franchir la ligne des nains pour se réfugier sur la case 1.

1 Reproduire le diagramme ci-dessous.

2 Disposer les nains sur les emplacements 1, 2 et 4. Le géant se place où il veut. Cependant, deux pions ne peuvent être placés au même endroit.

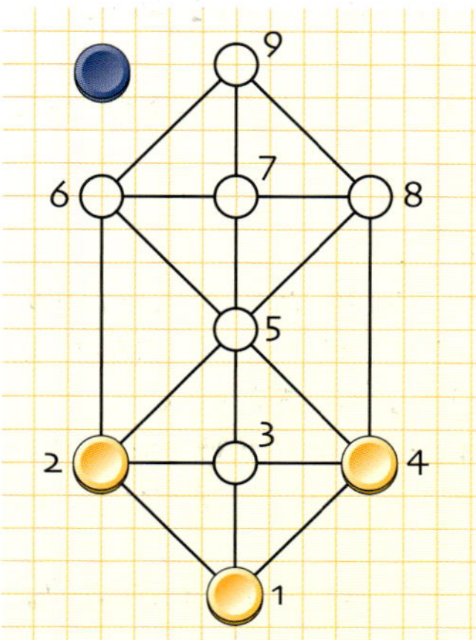

3 Les nains commencent la partie. À tour de rôle, les joueurs déplacent un pion vers un emplacement voisin libre. Les nains se déplacent latéralement ou vers l'avant, mais ils n'ont pas le droit de reculer. Le géant peut se déplacer dans toutes les directions.

4 Les nains gagnent s'ils bloquent le géant sur la case 9. Le géant gagne s'il parvient à atteindre la case 1.

Le mu-torere

dès 8 ans

2

5 minutes

papier quadrillé, 8 pions de deux couleurs différentes

But du jeu

Il s'agit d'immobiliser tous les pions de son adversaire.

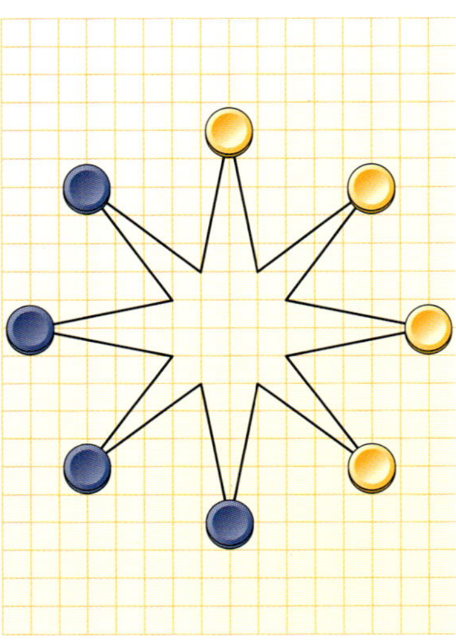

1 Reproduire le diagramme ci-dessous et placer les pions sur les pointes de l'étoile.

2 Tirer au sort pour déterminer le joueur qui commence.

3 Les pions se déplacent :
- de la pointe d'une branche vers le cœur de l'étoile à condition que l'une des branches à côté soit occupée par un pion adverse ;
- d'une branche à la suivante si elle est vide.

Il ne peut y avoir qu'un pion par emplacement.

4 Le gagnant est celui qui bloque tous les pions de son adversaire.

Poursuites

Quand la partie de chasse est un jeu, les lièvres peuvent tuer les chasseurs. À la chasse ou au kono, il faut immobiliser l'ennemi et le capturer... La règle ne dit pas s'il faut le manger !

Le kono

dès 7 ans

2

10 minutes

papier quadrillé, 1 crayon, 16 pions de deux couleurs différentes

But du jeu

Dans ce jeu de stratégie, on cherche à capturer ou à bloquer tous les pions de l'adversaire.

1 Sur le papier, tracer une grille de trois carreaux de côté, et placer les pions sur les intersections.

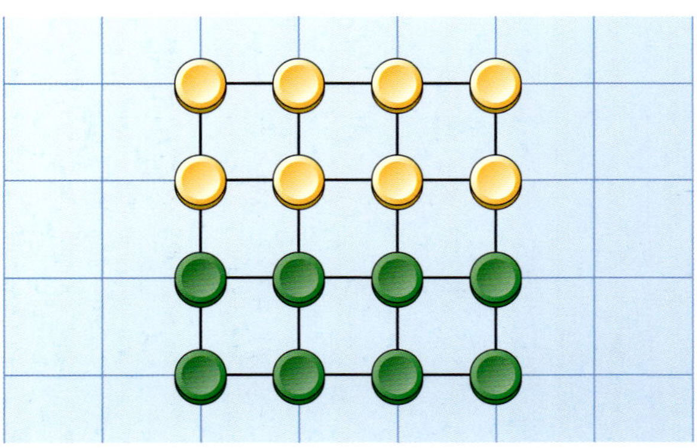

2 Tirer au sort le joueur qui commencera. Son adversaire choisit la couleur de ses pions.

3 Toutes les intersections étant occupées, le premier joueur doit au départ sauter par-dessus l'un de ses propres pions pour prendre un pion de l'adversaire. Chaque pion capturé est retiré du jeu.

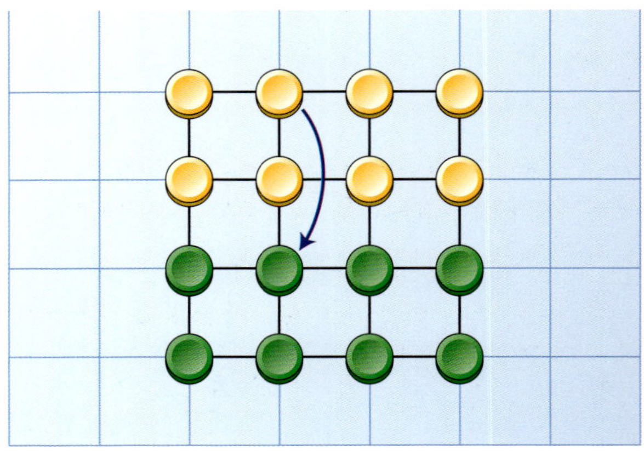

4 Dès qu'un espace se libère, le joueur peut déplacer son pion jusqu'à l'intersection suivante, en suivant un trait, dans n'importe quelle direction.

5 Tout pion encerclé par l'adversaire, et ne pouvant plus bouger, est retiré de la grille.

6 Le gagnant est celui qui a capturé tous les pions de l'adversaire ou qui est parvenu à les immobiliser.

La poursuite du lièvre

dès 6 ans

2

15 minutes

papier, 1 crayon, 1 pion d'une couleur (le lièvre) et 12 pions d'une autre couleur

But du jeu

Les chasseurs doivent encercler le lièvre, mais ce dernier remporte la partie s'il reste seul sur la grille.

1 Tracer une grille de quatre carreaux de côté et disposer les pions sur les intersections, comme sur l'illustration ci-dessous.

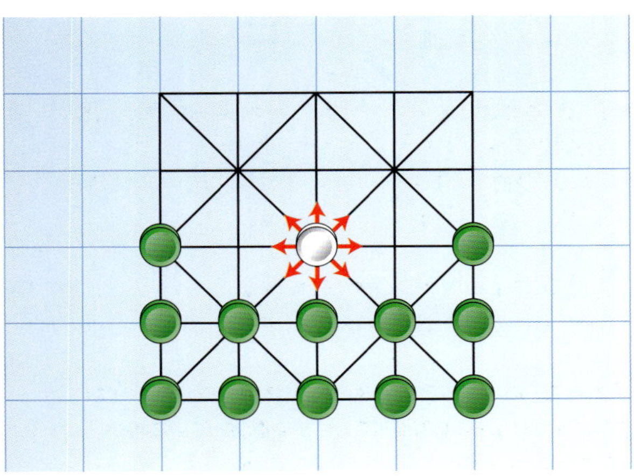

2 Le lièvre est placé au centre de la grille. Il se déplace, comme les chasseurs, vers une intersection voisine libre et dans toutes les directions. Le lièvre joue en premier.

3 En sautant par-dessus un chasseur, le lièvre l'élimine du jeu, comme dans le jeu de l'alquerque (voir p. 100). Si les chasseurs parviennent à immobiliser le lièvre en l'empêchant de bouger, ils gagnent la partie.

Variante

La partie peut se jouer sur cette autre forme de diagramme, qui ne permet que des déplacements horizontaux ou verticaux.

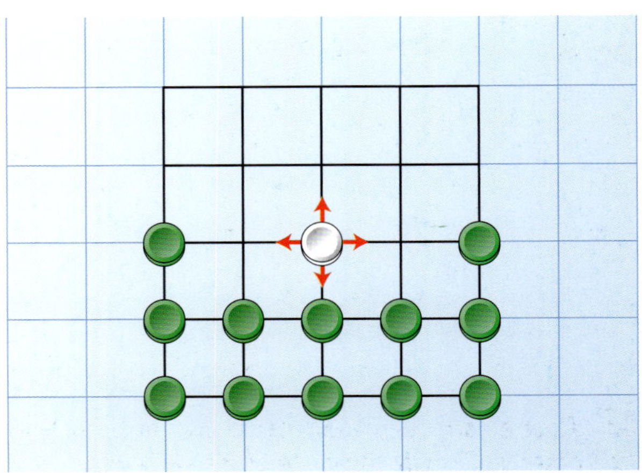

La récolte

Pour faire une bonne récolte, il faut bien semer : quelques graines, un petit détour par le champ du voisin et le grenier se remplit à vue d'œil. Un peu de stratégie, et la moisson sera abondante.

L'awalé

dès 8 ans — 2

15 à 20 minutes

12 petits ramequins, 2 bols, 48 pions

But du jeu
Les pions correspondent à des graines, les petits ramequins à des trous et les grands ramequins aux greniers. Semer, récolter, remplir son grenier est la première préoccupation de celui qui veut faire manger les siens. Et il faut être fin stratège pour récolter le maximum de graines !

Habituellement, ce jeu se joue avec une planche de bois creusée de douze ou quatorze trous. Mais il est très facile de la remplacer par des ramequins, des godets ou même par une grande boîte d'œufs.

1 Disposer les ramequins sur deux rangées et placer les bols à chaque extrémité. Mettre quatre pions (graines) dans chaque ramequin.

2 Les deux joueurs se placent face à face, de part et d'autre des ramequins. Le camp de chaque joueur est ainsi composé de six ramequins. Tirer au sort le joueur qui commence.

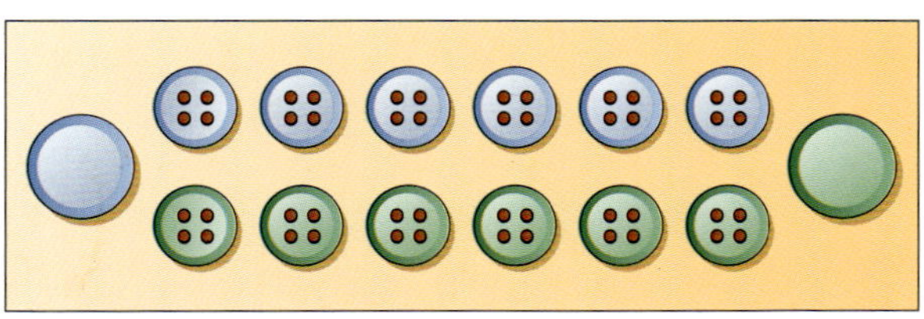

3 À tour de rôle, chaque joueur retire le contenu d'un ramequin de son camp et sème les graines une par une dans les cases suivantes, de gauche à droite, et sans jamais sauter de case. S'il parvient à l'extrémité de son camp, le joueur continue dans celui de son adversaire.

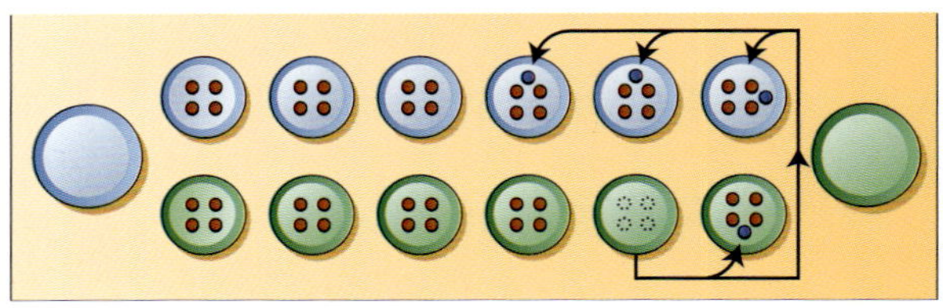

4 Si le semeur pose sa dernière graine dans un trou de son adversaire et que ce trou contient alors deux ou trois graines (celle du semeur comprise), il peut s'emparer du contenu. Il peut aussi prendre le contenu du ou des trous précédents, s'ils contiennent aussi deux ou trois graines. Les graines récoltées sont placées dans le grenier du joueur.

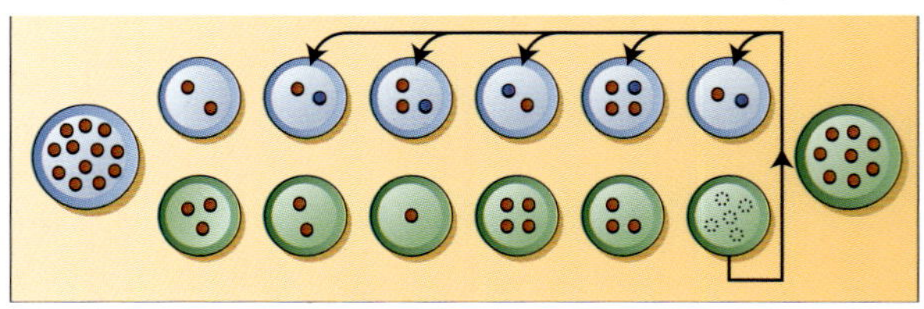

5 En revanche, si le joueur dépose sa dernière graine dans un trou de son camp ou encore dans un trou du camp adverse qui serait vide ou qui contiendrait au moins trois graines, il ne ramasse rien et l'autre joueur peut tenter sa chance.

6 Si un joueur retire plus de douze graines de l'un de ses trous, il les sème en faisant un tour complet du plateau sans toutefois déposer de graine dans la case de départ. Il doit donc sauter cette dernière.

7 Attention ! Il est interdit d'affamer son adversaire. Si la récolte aboutit à vider toutes les cases du camp de l'adversaire, aucune graine ne peut être récoltée. Il arrive aussi qu'après avoir joué, un joueur se retrouve avec un camp entièrement vide. Dans ce cas, l'autre joueur doit lui verser toutes les graines de sa dernière case.

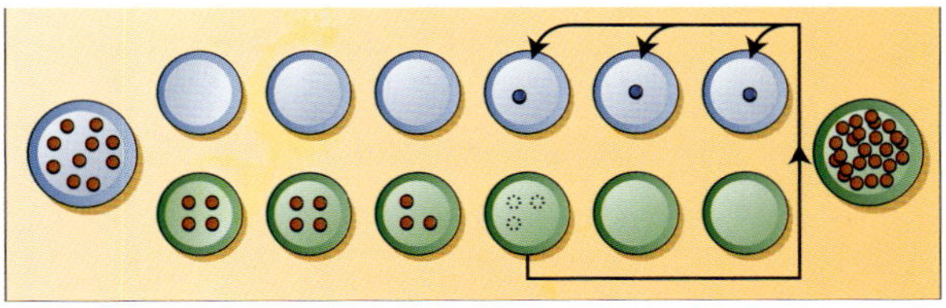

8 La partie s'achève lorsque le camp d'un des joueurs est vide et que son adversaire ne peut plus l'alimenter. Chacun compte le total de ses graines (trous et grenier compris). Celui qui en a le plus remporte la partie.

Conseils

Le jeu de l'awalé est en soi très simple, mais il réclame de l'attention et un peu de réflexion. Car, si les joueurs doivent parvenir à accumuler beaucoup de graines dans leur grenier, ils doivent également en donner le moins possible à leur adversaire. L'astuce consiste à vider les cases les moins garnies en priorité.

L'awalé, ou awelé, est un jeu de stratégie très ancien. Il est encore très pratiqué en Afrique, mais aussi très prisé par les enfants et les adultes de tous les pays du monde.

Dans les chaumières, le soir à la chandelle, les grands et les petits veillaient en s'amusant. Aujourd'hui, les ampoules électriques ont remplacé les chandelles… mais on s'amuse toujours autant ! Qu'il s'agisse de mimer pour trouver l'âme sœur, de chanter à tue-tête jusqu'à se faire reconnaître, ou encore d'attraper un foulard sur les genoux du voisin : que de surprises et de rebondissements ! Entre les jeux en cercle et les jeux d'expression, impossible de s'ennuyer ; et pour ces jeux de veillée (drôles aussi en plein jour), plus on est nombreux et plus on s'amuse !

Jeux de veillée

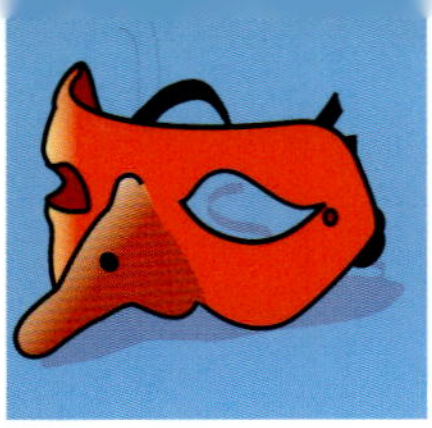

Jeux de mime

Difficile de tenir sa langue quand on brûle d'envie de s'exprimer. Mais dans un mime, seuls les gestes ont droit à la parole : mimez plus fort... on n'entend rien !

D'un mime à l'autre

dès 6 ans

4 et plus

15 minutes

But du jeu
Voici un jeu qui demande un peu de concentration, car pour mimer fidèlement une scène, il faut d'abord bien l'observer.

1 Un joueur décide d'un mime pendant que les autres sortent de la pièce.

2 L'un des joueurs revient dans la salle et observe attentivement le mime pour pouvoir ensuite le reproduire.

3 Un second joueur entre dans la pièce et observe son coéquipier qui reproduit le mime.

4 Tous les joueurs reviennent ainsi les uns après les autres et se transmettent le mime. Le dernier joueur à mimer explique ce qu'il a compris.

Il vaut mieux choisir des actions simples et prendre son temps en les mimant. Ainsi, les autres joueurs auront plus de plaisir à jouer.

Exemples
Je me réveille et je me lève, je mange une orange, je suis spectateur d'un match de tennis, je suis photographe, je suis coiffeur, je suis un pêcheur, je saute à la perche, je lave les vitres, je prends une douche.

Les mariages

dès 6 ans

6 et plus
+ 1 meneur

15 minutes

papier, ciseaux, 1 crayon

But du jeu
Pour jouer, il faut être en nombre pair. Et pour former un couple, il faut non seulement être attentif à ce que l'on fait mais aussi observer le jeu des autres joueurs.

1 Découper autant de bouts de papier qu'il y a de joueurs.

2 Sur les papiers, le meneur inscrit le nom d'un animal, d'un métier ou toute autre action facile à mimer, en double exemplaire.

3 Plier les papiers et les rassembler. Chaque joueur en pioche un et le lit silencieusement.

4 Les joueurs miment ce qui est indiqué sur leur papier. En même temps, ils doivent repérer le joueur qui mime la même chose et le rejoindre le plus rapidement possible.

Les couples mimes

dès 6 ans

15 minutes

papier, ciseaux, 1 crayon

6 et plus
+ 1 meneur

But du jeu
Pour jouer, il faut être en nombre pair. En observant attentivement les autres joueurs, il faut identifier son partenaire de mime.

1 Le meneur détermine des couples de personnages faciles à mimer comme l'arbitre et le footballeur, le photographe et le modèle, le voleur et le policier, la vache et le prisonnier...

2 Chaque couple est inscrit deux fois, sur deux papiers portant respectivement les numéros 1 et 2. Distribuer les papiers aux joueurs.

3 Les joueurs jouent à tour de rôle. Un joueur qui possède le numéro 1 mime son personnage ; celui qui pense être son partenaire vient le rejoindre en tentant de compléter le mime. Les couples sont parfois inattendus !

Action !

Comment raconter en silence ? En remuant les mains, les pieds, en grimaçant... Une seule règle : bouger ! Alors, les sons deviennent visibles, et on peut presque converser.

Les ambassadeurs

dès 6 ans

9 et plus
+ 1 meneur

20 minutes

papier, crayons

But du jeu
Dans ce jeu de relais, l'ambassadeur doit faire deviner à son équipe des mots en les mimant, et cela le plus rapidement possible.

1 Constituer deux équipes égales qui se placent à bonne distance l'une de l'autre pour ne pas s'entendre.

2 Tirer au sort le meneur de jeu qui dressera une liste composée d'autant de mots ou d'actions qu'il y a de joueurs. Il doit s'agir d'actions précises, de gestes familiers, de métiers simples, de personnages ou d'animaux connus.

3 Chaque équipe envoie un ambassadeur auprès du meneur de jeu. Celui-ci leur chuchote à l'oreille le premier mot de sa liste.

4 Les ambassadeurs rejoignent leurs coéquipiers et tentent de leur faire deviner le mot en le mimant. Chacun peut faire une proposition, mais discrètement afin de ne pas être entendu par l'équipe adverse.

5 Le joueur qui a deviné le mot se précipite vers le meneur de jeu qui lui en souffle un nouveau au creux de l'oreille.

6 L'équipe gagnante est celle qui devine la première le dernier mot de la liste.

Attention ! L'ambassadeur ne doit ni parler, ni chanter, ni se servir de dessins pour aider son équipe à deviner ce qu'il mime, sans quoi il est éliminé !

Exemples
Je répare le pneu crevé de ma bicyclette, je suis peintre en bâtiment, je me baigne mais l'eau est très froide, je me lave les cheveux, je promène mon chien, je suis un lapin...

Charades mimées

dès 6 ans

3 à 10
+ 1 meneur

20 minutes

But du jeu
Il s'agit ici de faire deviner une charade en la mimant.

1 Le meneur est tiré au sort. Il invente autant de mots-charades qu'il y a de joueurs puis il en souffle un à l'oreille du premier joueur.

2 Le joueur mime chaque mot-syllabe qui compose la charade. Pour que la charade soit plus claire, il numérote les mots avec les doigts (un doigt pour le premier mot, deux doigts pour le second, etc.). Pour indiquer « mon tout », il dessine du doigt un cercle invisible.

3 Le meneur souffle un nouveau mot à mimer à celui qui a deviné la charade.

Exemples
Voici quelques mots faciles à transformer en charades mimées : café-eau-lait, bas-lent-soir, or-ange, fesse-teint, car-nez, pain-eau-chaud-col-a, as-pirate-heure, pas-rat-sol, scie-reine...

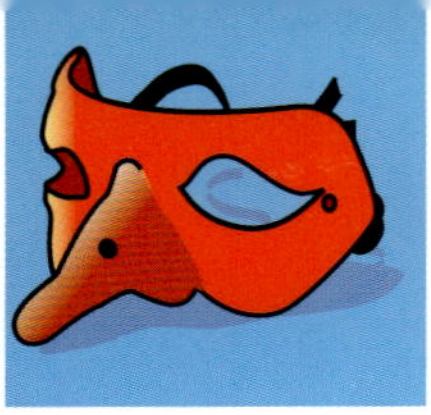

À suivre !

Statue de pierre ou extraterrestre, avec un peu d'imagination, tout peut s'imiter ! Quel plaisir de se prendre pour quelqu'un d'autre, dans des situations vraiment très farfelues !

Le sculpteur

dès 6 ans

2 à 10 (nombre pair)

20 minutes

But du jeu
Le jeu consiste à donner aux modèles une attitude cocasse.

1 Les joueurs se mettent deux par deux ; l'un sera le sculpteur, l'autre la statue.

2 Sans parler, le sculpteur donne une position ou indique un mouvement à sa statue : il lève son bras ou sa jambe, tourne sa tête, etc. Il se recule pour admirer son chef-d'œuvre.

3 Il y a ensuite deux possibilités :
- si le nombre de joueurs le permet, les sculpteurs peuvent regrouper leurs statues pour composer un tableau de maître ;
- la statue peut s'animer lentement tandis que le sculpteur imite ses mouvements comme un miroir. La statue bouge ainsi au ralenti jusqu'à ce que l'ancien sculpteur se fige et devienne statue à son tour.

Voyage interplanétaire

dès 6 ans

4 à 10

15 minutes

But du jeu
Après avoir imaginé une histoire farfelue, le meneur dépose les joueurs sur des planètes et les invite à adopter les mimiques caractéristiques des habitants sans parler.

1 Le meneur emmène les autres joueurs sur son vaisseau interplanétaire. Ils se déplacent donc tous en groupe.

2 À chaque fois qu'il s'arrête, le meneur annonce le nom de la planète et décrit les pouvoirs dont sont dotés les habitants.

3 Les passagers doivent se disperser et imiter les habitants pour pouvoir rentrer en contact avec eux. Dès qu'il le veut, le meneur embarque pour une nouvelle planète.

4 Au bout de 4 atterrissages, le meneur cède sa place.

Exemples
Voici quelques idées de comportements bizarres : bienvenue sur la planète des Glacials, des Mollassons, des Peureux, des Réchauffés, des Sent-Mauvais, des Super-Énergiques, des Tout-Raides, des Tout-Tristes, etc.

En avant, marche !

dès 6 ans

2 à 10
+ 1 meneur

20 minutes

But du jeu
Ce petit jeu pour acteur en herbe consiste à adopter des attitudes différentes en fonction des indications du meneur.

1 Choisir un meneur qui sera le seul à donner les consignes.

2 Les autres joueurs se mettent en file derrière lui et le suivent pas à pas.

3 Le meneur donne alors des indications qui peuvent se cumuler :
- attitudes à prendre : craintif, distrait, fatigué, joyeux, nerveux, triomphant,
- façons de marcher : sur du sable, sur des œufs, sur un tapis roulant, etc.

En scène

1 Ce jeu se déroule sur le même principe que le précédent, mais il faut cette fois imaginer que l'on se trouve dans différents lieux : une grotte froide et inquiétante, un lit chaud et moelleux, une plaine où soufflent des rafales de vent, une bulle , une plage ensoleillée, etc.

2 Chaque joueur doit réagir en fonction du lieu où il se trouve.

3 Après avoir donné la même consigne à tous les joueurs, le meneur crée des scènes étonnantes en soufflant une consigne très différente à un ou deux joueurs.

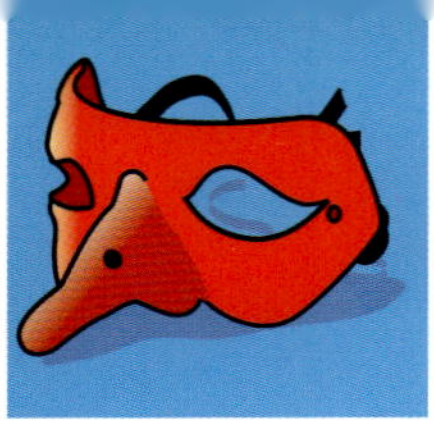

Face à face

Miroir, pourquoi mon reflet est-il en retard ? Parce qu'il a du mal à suivre ! Aux jeux de mime, les reflets sont parfois distraits et les marionnettes oublient qu'elles sont de bois !

Le miroir

dès 6 ans — 2 à 6

10 minutes

ficelle

But du jeu
L'un des joueurs, le reflet, doit imiter exactement celui qui se regarde dans le miroir.

1 Le miroir est matérialisé par un bout de ficelle posé sur le sol.

2 Deux joueurs à peu près de même taille se placent face à face, de profil par rapport aux autres joueurs-spectateurs. Le premier incarne le personnage qui se regarde dans le miroir. Le deuxième est son reflet.

3 Le premier joueur fait des gestes lents que l'autre doit reproduire le plus fidèlement possible.

4 Au bout de quelques minutes, les joueurs viennent l'un après l'autre compléter le mime. On peut aller jusqu'à trois joueurs maximum de chaque côté, le plaisir étant de passer d'une situation à l'autre : acteur, reflet ou spectateur.

Exemples
Voici quelques actions faciles à imiter : se raser, se maquiller, faire la cuisine à deux ou trois...

La marionnette à fils

dès 6 ans

2 et plus

10 minutes

1 chaise

Astuce
Pour que ce jeu de mime soit spectaculaire, il ne faut pas hésiter à soigner la mise en scène : une toile de fond sombre pour le décor, des vêtements près du corps en guise de costume, un maquillage approprié pour la marionnette, une petite musique d'ambiance ou encore des jeux de lumière sur les joueurs...

But du jeu
La marionnette suit les mouvements indiqués par le marionnettiste. Les joueurs répéteront leur numéro pour travailler en parfaite harmonie.

1 Le premier joueur incarne le marionnettiste et se place debout sur la chaise. Le second joueur, la marionnette, vient s'asseoir à ses pieds.

2 Des fils imaginaires relient chaque partie du corps de la marionnette. À chaque fois que le marionnettiste tire sur un fil, la marionnette doit suivre exactement le mouvement indiqué. Ainsi, si le marionnettiste lâche un fil, la marionnette laisse immédiatement tomber le membre libéré. Le marionnettiste peut aussi manipuler plusieurs fils en même temps.

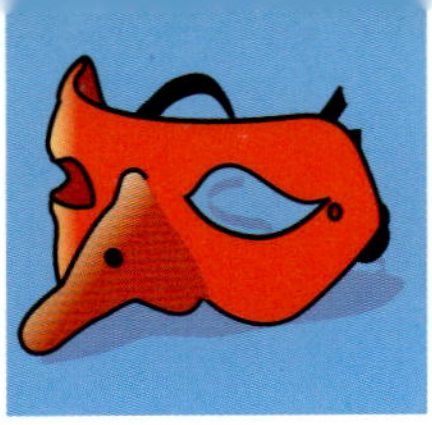

En mouvement

Poursuivis par des sorciers incognitos, menacés de pétrification, téléguidés comme des robots : les joueurs n'auront pas une seconde de répit. Préparez les vitamines... et les brancards !

Les sorciers

dès 6 ans

5 à 30
+ 1 meneur

15 minutes

But du jeu
Parmi les joueurs se cachent de perfides sorciers dont le pouvoir est de pétrifier les autres joueurs. Mais personne ne sait de qui il s'agit...

1 Tous les joueurs, sauf le meneur, forment un cercle et ferment les yeux.

2 Le meneur circule autour des joueurs et désigne les « sorciers » en leur effleurant discrètement le dos. On compte à peu près un sorcier pour cinq joueurs.

3 Au signal du meneur, tous les joueurs ouvrent les yeux et se promènent tranquillement dans la salle. Les sorciers doivent alors toucher les autres joueurs pour les pétrifier.

4 Chaque joueur touché s'immobilise ; les sorciers finiront donc par être démasqués mais les joueurs encore libres peuvent délivrer les joueurs pétrifiés par une accolade.

5 Pour entamer une nouvelle partie, tous les joueurs ferment les yeux et le meneur désigne de nouveaux sorciers.

Les robots

dès 6 ans

12 à 30

quelques minutes

But du jeu
Il faut diriger ses robots sur une route semée d'embûches.

1 Former des groupes de trois ou quatre joueurs. Désigner un pilote dans chaque groupe. Les autres joueurs sont les robots. Chaque robot prend un nom.

2 Au signal, les robots avancent mécaniquement, les yeux ouverts. Ils vont tout droit tant que le pilote ne leur indique pas de changer de direction.

3 Si un robot rencontre un obstacle ou entre en collision avec un autre robot, il doit envoyer un signal de détresse que chaque équipe a déterminé à l'avance, par exemple « Bip Bip Bip » jusqu'à ce que le pilote vienne le réorienter.

4 Au bout de quelques minutes de jeu, un robot de chaque équipe échange sa place avec celle de son pilote.

5 L'équipe qui a envoyé le moins de signaux de détresse a gagné.

Astuce
On peut jouer aux robots dans une seule pièce, mais si le lieu où l'on se trouve est grand, cela peut être drôle de faire circuler les joueurs dans toutes les pièces ! D'où l'intérêt d'avoir des signaux de détresse bien distincts pour reconnaître les membres de son équipe.

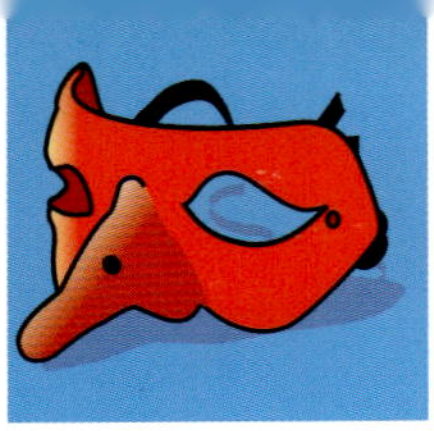

Duos sonores

Au fil des cris et des chants, les couples se forment et se défont parfois. L'âme sœur n'est pas toujours celle que l'on croit, même si on chante avec elle d'une seule voix !

Les couples crieurs

dès 6 ans

6 et plus
+ 1 meneur

10 minutes

papier, crayons

But du jeu
Dans ce jeu d'attention, chaque joueur doit retrouver celui qui pousse le même cri que lui afin de former un couple.

1 Le meneur est tiré au sort. Sur des bouts de papier, il écrit, en double exemplaire, des noms d'animaux : chat, chien, cheval, cochon, etc.

2 Le meneur distribue un papier à chaque joueur. Au signal, tous les joueurs poussent le cri de l'animal indiqué sur leur papier et tentent de retrouver leur partenaire. Il est interdit de parler !

3 Lorsque les joueurs repèrent leur semblable, ils cessent de crier, se prennent par le bras et vont s'asseoir.

4 Lorsque tous les couples sont formés, le meneur demande à chacun d'eux de pousser leur cri en chœur. Les autres joueurs doivent reconnaître de quel animal il s'agit.

Les couples chanteurs

dès 6 ans

6 et plus

10 minutes

1 foulard par joueur

But du jeu
Les yeux bandés, chaque joueur recherche son duettiste pour chanter à l'unisson.

1 Former des couples de joueurs qui choisissent alors discrètement une chanson.

2 Au signal du meneur, les joueurs se bandent les yeux et se mélangent.

3 Au second signal, chacun tente de trouver son partenaire en chantant l'air convenu tout doucement. Dès qu'un couple parvient à se former, il se retire du jeu et va s'asseoir.

4 Lorsque tous les couples sont assis, le meneur de jeu demande à chacun d'eux de fredonner leur chanson. Les autres joueurs doivent en deviner le titre.

Les inséparables

Sur le même principe que le premier jeu, le meneur peut noter sur les papiers les noms de couples légendaires ou inséparables. Chaque joueur tire un papier où figure le nom d'un des membres du couple. Il doit trouver un geste ou une phrase qui symbolise son personnage afin d'être reconnu par son partenaire. Il est bien évidemment plus simple que les joueurs n'aient pas les yeux bandés !

Exemples
• Dupont et Dupond (Tintin) : « Je dirai même plus... » ;
• Laurel et Hardy : « C'est moi le gros » ; « C'est moi le petit » ;
• Adam et Ève : « Goûtons la pomme » ; « C'est interdit » ;
• Le petit chaperon rouge et le loup : « Toc, toc, toc, c'est moi, mère-grand » ; « Tire la chevillette et la bobinette cherra ».

Déduction

Des indices, du flair et de la perspicacité, voilà les clefs d'une enquête réussie. Qu'il recherche un mot ou un coupable, l'enquêteur fera jaillir la vérité de ses questions subtiles.

Qui suis-je ?

dès 6 ans

4 et plus (nombre pair)

20 minutes

1 étiquette adhésive et 1 crayon par joueur

But du jeu
En posant des questions, chaque joueur doit découvrir le mot qui a été collé dans son dos.

1 Les joueurs sont assis en cercle. Chacun dispose d'un crayon et d'une étiquette.

2 Ensemble, les joueurs choisissent un thème (Noël, par exemple). Discrètement, chaque joueur inscrit sur son étiquette un mot en rapport avec ce thème. Pour Noël, on peut par exemple choisir « sapin », « bûche », « Père Noël », « cadeau », « guirlandes », « dinde », etc.

3 Les joueurs se lèvent et accrochent leur étiquette dans le dos d'un autre joueur. Chaque joueur porte donc un mot qu'il ne connaît pas.

4 Les joueurs se mettent par deux. Chacun regarde le dos de son partenaire pour connaître le mot caché.

5 À tour de rôle, les joueurs tentent de deviner leur mot en posant seulement trois questions à leur partenaire. Celui-ci ne peut répondre que par « oui » ou par « non ».

6 Si le « questionneur » a découvert son mot, il demande à un autre joueur de lui accrocher un nouveau mot dans le dos (après avoir répondu aux questions de son partenaire). Mais si sa réponse est inexacte, il part à la rencontre d'un autre partenaire.

Le détective

dès 10 ans

10 et plus

15 minutes

jeu de cartes

But du jeu
Un assassin se cache parmi les joueurs ! Au détective de le démasquer par ses questions.

Ce jeu se joue de préférence le soir, ou dans une pièce où il pourra faire nuit noire une fois les volets fermés.

1 Tous les joueurs se réunissent dans une pièce éclairée.

2 Dans le jeu de cartes, prendre autant de cartes qu'il y a de joueurs. Le Roi de carreau incarne le détective et le Valet de pique, l'assassin.

3 Chaque joueur tire une carte dont il prend connaissance discrètement avant de la glisser dans sa poche. On éteint la lumière. Les joueurs se déplacent silencieusement dans le noir. Le détective se poste près de l'interrupteur.

4 L'assassin choisit sa victime en posant les deux mains sur ses épaules. Celle-ci pousse un cri et se laisse tomber à terre tandis que son agresseur s'en écarte rapidement.

5 Après 10 secondes, la lumière est rallumée. C'est au tour du détective : il sort sa carte et commence son enquête en interrogeant les suspects. Il les interroge sur leur place de départ, sur leurs déplacements, etc., et il n'a pas le droit de se tromper plus de quatre fois en désignant un coupable.

6 Les accusés peuvent prouver leur innocence en montrant leur carte.

Qui es-tu ?

Comment se prénomment Machin, Trucmuche et Bidule-chose ? Allez savoir : même un éléphant ne saurait retenir tous les prénoms de ses voisins... surtout si le jeu s'en mêle !

Citron, Citron, Citron

dès 10 ans — 5 à 15

10 minutes

But du jeu
Avec un peu d'effort, il faut se souvenir du nom de ses voisins en un temps record !

1 Les joueurs forment un cercle. Chaque joueur interroge son voisin de gauche et de droite pour en connaître le prénom.

2 Le meneur, tiré au sort, se promène au milieu des joueurs. Il désigne l'un des joueurs et dit : « Droite (ou gauche), citron, citron, citron ».

3 Le joueur désigné doit prononcer le nom de son voisin de droite (ou de gauche) avant que le dernier citron soit prononcé. S'il se trompe ou tarde trop à répondre, il est éliminé et reste sur place en croisant les bras.

4 Lorsque le joueur choisi par le meneur est entouré de personnes éliminées, il doit nommer le premier joueur encore en jeu, situé à côté des joueurs exclus, à gauche ou à droite.

5 Lorsque le meneur dit :
- « Tous les fruits sont dans le panier », les joueurs se mélangent et forment un nouveau cercle. Ils doivent rapidement prendre connaissance du prénom de leur voisin avant que le meneur n'interroge à nouveau quelqu'un ;
- « Au milieu » : le joueur désigné doit prononcer le nom du meneur.

Je m'appelle

dès 8 ans

5 à 30

10 minutes

But du jeu
Pour pouvoir répéter le prénom de tous les joueurs, il faut d'abord bien les mémoriser.

1 Les joueurs sont assis en cercle. Un premier joueur annonce : « Bonjour, je m'appelle Pierre ».

2 Son voisin de droite se présente à son tour en rappelant le prénom du joueur précédent : « Voici Pierre ; je m'appelle Jean ».

3 Tour à tour, les joueurs suivants donnent leur prénom après avoir énoncé celui du joueur précédent.

Variante
Chaque joueur doit rappeler dans l'ordre les prénoms de tous les joueurs précédents : le dernier joueur doit donc donner tous les prénoms du cercle !

Matthieu l'Astucieux

Sur le même principe que la variante du jeu précédent, les joueurs ajoutent un qualificatif au prénom ou au diminutif des joueurs précédents. On peut jouer sur les rimes ou choisir un qualificatif qui commence par la même lettre que le prénom.

Exemples
Matthieu
puis Matthieu l'Astucieux et Lili,
puis Matthieu l'Astucieux et Lili la Jolie et Guillaume,
puis Matthieu l'Astucieux et Lili la Jolie et Guillaume le Guilleret et Pierrot, etc.

Les chaises

Méfiez-vous des joueurs debout, ils feraient n'importe quoi pour s'asseoir : rôder autour d'une chaise pour mieux sauter dessus et même appeler un joueur pour lui voler sa place...

Le panier de fruits

dès 6 ans

8 et plus

15 minutes

chaises

But du jeu
On doit suivre les consignes du meneur mais aussi s'en méfier car il aimerait bien s'asseoir lui aussi !

1 Disposer en cercle autant de chaises qu'il y a de joueurs, moins une.

2 Les joueurs s'assoient, à l'exception de l'un d'entre eux, le meneur, qui se place au milieu, debout.

3 Les joueurs assis portent tous un nom de fruit comme « citron », « orange », « banane » ou « pomme », par exemple.

4 Le meneur dit le nom de deux fruits. Les joueurs correspondants doivent alors échanger leurs places tandis que le meneur tente de s'asseoir sur l'une des chaises libérées. Le joueur qui reste debout devient alors le meneur.

5 Si le meneur s'exclame « Panier de fruits », tous les joueurs changent de chaise.

Le facteur

dès 6 ans

8 et plus

15 minutes

chaises

But du jeu
Afin que les lettres arrivent à bon port, elles doivent se méfier du facteur qui les expédie !

1 Les joueurs sont assis en cercle sur des chaises, à l'exception du « facteur » qui reste debout, au milieu. Chaque joueur choisit un nom de ville, par exemple Londres, Paris, etc.

2 Lorsque le facteur annonce :
- « Une lettre doit partir de Paris pour aller à Londres » : les deux joueurs concernés changent de place et le facteur tente de prendre la place d'un des joueurs ;
- « Distribution générale » : tout le monde change de place ;
- « Grève générale » : tout le monde souffle bruyamment et le facteur désigne son remplaçant.

La chaise musicale

dès 6 ans

8 et plus
+ 1 meneur

15 minutes

chaises, musique (CD, cassettes, instruments)

But du jeu

Pas une minute à perdre ! Dès que la musique s'arrête, il s'agit de s'asseoir au plus vite.

1 Désigner un meneur qui sera chargé de la musique.

2 Disposer dos à dos, en cercle, autant de chaises qu'il y a de joueurs, moins une.

3 Dès que la musique commence, les joueurs se mettent à tourner autour des chaises sans se toucher ni se frôler.

4 Lorsque la musique s'arrête, les joueurs doivent s'asseoir le plus vite possible sur l'une des chaises. Le joueur qui reste debout est éliminé. On retire alors une chaise.

5 Le gagnant est le joueur qui parvient à s'asseoir sur la dernière chaise.

Asseyez-vous

Toutes les chaises ne sont pas de bois ; il y en a même qui parlent d'une drôle de voix, et d'autres qui marchent et font la ronde. Mais gare à l'équilibre, ces chaises n'ont que deux pieds !

Le serpent de mer

dès 8 ans

6 et plus

3 minutes

But du jeu
Les joueurs tentent d'avancer en se tenant par la main passée entre les jambes.

1 Les joueurs se placent les uns derrière les autres et forment ainsi un cercle.

2 Chacun se penche vers l'avant, jambes tendues et légèrement écartées. Chaque joueur passe la main droite entre ses jambes pour attraper la main gauche de celui qui est derrière lui, et tend la main gauche en avant pour saisir la main droite de celui qui le précède.

3 Les joueurs forment ainsi un anneau mouvant qui tourne lentement. Pour ne pas se lâcher ni tomber, les joueurs doivent progresser au même rythme.

4 Puis l'un des joueurs rompt la chaîne en libérant uniquement sa main droite. L'anneau se déroule jusqu'à ce que les joueurs forment une file indienne.

5 Sans lâcher la main du joueur précédent, le dernier de la file se couche sur le sol et les autres joueurs reculent lentement jusqu'à ce que le joueur de tête arrive à hauteur du joueur étendu. Il peut alors attraper sa main et le relever. Et le serpent se remet à onduler.

Coco bien assis

dès 8 ans

8 et plus

10 minutes

1 foulard

But du jeu
Il s'agit de reconnaître les joueurs au son de leur voix.

1 Les joueurs sont assis en cercle par terre. L'un d'eux a les yeux bandés : il se prénomme Coco.

2 Coco donne le signal en se levant. Puis, il va s'asseoir sur les genoux de l'un de ses camarades. Coco demande : « Coco est-il bien assis ? ». Le joueur interpellé répond : « Oui, Coco est bien assis ».

3 Coco doit reconnaître le joueur sur lequel il s'est assis. Mais, celui-ci a le droit de masquer sa voix en la rendant plus aiguë ou plus grave, par exemple. La question peut être posée trois fois.

4 Si le joueur questionné est reconnu, il prend la place de Coco. Sinon Coco essaye avec un autre joueur.

Chaises humaines

dès 8 ans

6 et plus

3 minutes

But du jeu
Chacun doit s'asseoir sur les genoux du joueur qui suit sans s'effondrer. C'est une question d'équilibre !

1 Les joueurs se tiennent debout, collés les uns derrière les autres et forment ainsi un cercle.

2 En fléchissant doucement les genoux, chacun doit s'asseoir sur celui qui le suit et jouer ainsi le rôle de chaise. Il faut pour cela bien caler ses pieds au sol.

Flagrant délit

Le chef d'orchestre est invisible ; pourtant, l'orchestre joue.
Le courant traverse les joueurs ; pourtant, personne ne bouge...
Seuls les plus attentifs perceront le mystère !

Le chef d'orchestre

dès 4 ans — 10 à 40

10 minutes

But du jeu
Pour découvrir le chef d'orchestre, il faut observer attentivement les joueurs.

1 Les joueurs sont assis en cercle. L'un d'eux sort de la pièce. Pendant ce temps, les autres choisissent leur « chef d'orchestre » (il restera à sa place).

2 Sans aucun signal, le chef d'orchestre mime successivement différents instruments de musique (tambour, trompette, guitare, flûte, violon...). Les autres joueurs l'imitent en le regardant discrètement.

3 Le joueur qui s'est absenté revient. Pour découvrir qui donne l'ordre du changement d'instrument, il regarde attentivement tous les joueurs. Il peut faire trois propositions. S'il se trompe, il sort à nouveau de la pièce et un autre chef est désigné. Sinon, il échange sa place avec le joueur de son choix.

Le courant électrique

dès 6 ans — 8 et plus

10 minutes

But du jeu
Les joueurs se font le plus discrets possible pour tromper l'attention du contrôleur.

1 Les joueurs, assis, forment un cercle et se tiennent par la main. L'un des joueurs joue le rôle du contrôleur et se tient debout au centre du cercle.

2 L'un des joueurs annonce : « Je passe le courant à... » et donne le prénom d'un de ses camarades. En même temps, il presse discrètement la main d'un de ses voisins sans se faire repérer par le contrôleur.

3 Le joueur qui sent qu'on lui presse la main fait de même avec le joueur suivant, et ainsi de suite jusqu'à ce que le courant parvienne jusqu'au joueur désigné. Celui-ci imite alors le bruit d'une sonnerie et, à son tour, « passe le courant » à un autre joueur.

4 Le contrôleur doit découvrir par où passe le courant. S'il voit un joueur presser la main de quelqu'un, il dit « stop ». Les deux joueurs échangent alors leurs rôles.

Les joueurs peuvent jouer les mains dans le dos ou devant eux.

Circulez !

Faites circuler, faites passer ! Plus le rythme est entraînant, plus le jeu est grisant. Mais comment dénicher le furet ? À peine entrevu, le voilà reparti... si les joueurs s'entendent bien.

Passer la pièce

dès 6 ans — 5 à 15

10 minutes

2 pièces de monnaie

But du jeu
Les joueurs doivent se passer la pièce de monnaie le plus rapidement possible sans la faire tomber.

1 Les joueurs assis forment un cercle.

2 Les joueurs se tiennent le plus près possible les uns des autres, la main droite posée, paume en l'air, sur le genou droit.

3 Le meneur qui est dans le cercle, place une pièce de monnaie dans le creux de sa main. Au signal, il rabat brusquement sa main, paume contre paume, sur celle de son voisin pour lui passer la pièce. Il est interdit de plier ou de fermer la main.

4 La pièce circule puis revient au point de départ. Si un joueur fait tomber la pièce, elle revient au premier joueur...

Variantes
Quand les joueurs sont bien entraînés, ils peuvent se passer la pièce avec le dos de la main. Les joueurs peuvent former deux équipes face à face, à chaque bout de file la pièce repart dans l'autre sens. On marque un point chaque fois qu'elle revient au meneur de chaque équipe.

Le furet

dès 6 ans

5 à 15

10 minutes

1 petit anneau, ficelle

But du jeu
Les joueurs doivent faire glisser un anneau sur une ficelle sans que le guetteur arrive à le localiser.

1 Les joueurs forment un cercle. L'un d'eux, le guetteur, se place au milieu.

2 Glisser l'anneau sur une ficelle assez longue pour faire le tour du cercle. Nouer les extrémités. Les joueurs tiennent la ficelle sans la serrer.

3 Puis, tous ensemble, les joueurs font mine de se passer l'anneau, même s'ils ne l'ont pas : en rythme, ils rapprochent les mains puis les écartent de façon que chaque main touche celle du voisin. L'anneau passe ainsi de main en main pendant que les joueurs chantent en chœur la chanson du furet :
« Il court, il court, le furet / Le furet du bois, mesdames / Il court, il court, le furet / Le furet du bois joli / Il a passé par ici / Il repassera par là / Qui l'a ? »

4 À cette question, le guetteur doit deviner quel joueur a l'anneau. S'il y parvient, ils échangent leurs places.

Attention : il ne faut pas trop serrer la ficelle, au risque de se brûler par échauffement.

Variante
Pour compliquer le jeu, les joueurs peuvent tenir la ficelle dans leur dos. Le guetteur peut tourner autour des joueurs, tandis que ceux-ci chantent et se passent l'anneau de plus en plus vite.

À table !

C'est incroyable : impossible de finir son goûter tranquillement ! À peine a-t-on coupé une rondelle de banane ou un carré de chocolat qu'il faut céder sa place à un joueur vorace !

Banane, couteau, fourchette

dès 6 ans

6 et plus

10 minutes

2 tabourets, 1 serviette,
1 assiette, 1 fourchette,
1 couteau, 1 paire de gants,
1 banane, 1 pièce de monnaie

But du jeu
Dans ce jeu, frustrant pour les gourmands, il s'agit de manger la banane avant qu'un autre joueur ne s'empare des couverts !

1 L'assiette et les couverts sont posés sur un tabouret ; la serviette et les gants sont installés sur l'autre tabouret placé en vis-à-vis.

2 Les joueurs sont assis en cercle autour de ces tabourets, le plus jeune commence la partie.

3 À tour de rôle, chaque joueur fait tourner une pièce de monnaie devant lui. Si elle tombe sur « pile », il ne bouge pas. En revanche, si elle tombe sur « face », il se précipite vers le tabouret, noue la serviette autour de son cou, enfile les gants et découpe de fines rondelles pour manger la banane tranche par tranche. Pendant ce temps, la pièce continue à faire le tour des joueurs.

4 Si un autre joueur tombe sur « face », il se précipite vers le tabouret et déloge le premier joueur qui doit lui remettre les gants à l'endroit et la serviette dénouée. Le joueur délogé reprend sa place.

5 La partie s'arrête lorsque la banane a été entièrement mangée.

Attention ! Un joueur ne peut manger de banane que s'il a enfilé les gants et noué la serviette autour de son cou.

La tablette

But du jeu
Les joueurs doivent déguster un morceau de chocolat avec des gants, un couteau et une fourchette !

Ce jeu se joue comme le précédent, mais avec deux dés. Cette fois, il s'agit d'enfiler les gants puis de retirer l'emballage papier et l'aluminium de protection avant de tenter de découper un carré de chocolat en s'aidant uniquement d'une fourchette et d'un couteau. Pour cela, il faut avoir fait un double six avec les dés.

Prenez garde !

Gare au bâton, gare au fusil : si on ne se méfie pas, le coup est vite parti. Mais comment se défendre ? En comptant sur ses réflexes, les seuls moyens de survie du joueur menacé !

Les oreillards

dès 6 ans

6 à 20

15 minutes

1 journal (fusil), ficelle, chaises

But du jeu

Il faut réagir à la menace d'un chasseur en agitant ses oreilles pour détourner le trajet de la balle.

1 Fabriquer le fusil : rouler le journal et le maintenir serré à l'aide de la ficelle.

2 Les joueurs s'assoient en cercle sur les chaises. Ils incarnent les lapins. Seul le chasseur se tient debout au centre du cercle.

3 Le chasseur vise un lapin avec le fusil et crie « pan ». Le joueur visé doit brusquement tenter de « détourner » la balle (c'est un jeu...) en levant les mains pour simuler des oreilles de lapin. Ses deux voisins-lapins réagissent aussi en agitant une seule oreille : celle qui se trouve du côté du lapin.

4 Puis, tout de suite, le chasseur tire vers un autre joueur en criant « pan ». Tout lapin qui se trompe d'oreille ou qui ne réagit pas assez vite est éliminé : il s'assied par terre.

5 Plus les joueurs éliminés sont nombreux, plus les voisins sont éloignés les uns des autres et plus la partie est difficile.

Sauve-qui-peut

dès 6 ans

5 à 20

10 minutes

1 journal (bâton), ficelle, 1 tabouret

But du jeu
On doit prendre garde au bâton qui frappe et riposter rapidement !

1 Fabriquer le bâton : rouler le journal et le maintenir serré à l'aide de la ficelle.

2 Les joueurs s'assoient en cercle avec, au centre, un tabouret sur lequel est posé le bâton.

3 Un premier joueur se lève, se saisit du bâton et marche tranquillement près des joueurs. Il choisit brusquement quelqu'un et lui donne un coup de bâton sur les genoux.

4 Le frappeur doit reposer au plus vite le bâton sur le tabouret et prendre la place de sa victime tandis que celle-ci doit récupérer le bâton afin de frapper en retour son agresseur avant qu'il n'ait eu le temps de s'asseoir.

5 Attention ! si le bâton déposé par le premier joueur tombe, il n'a pas le droit de voler une place.

Qui, toi, vous ?

On vouvoie le maire, sans le tutoyer. Et pour les autres ? Pas de vous : on les tutoie... sauf Monsieur le curé, qu'il faut vouvoyer. Quant au dénommé Pierre, personne ne l'a rencontré !

Monsieur le maire

dès 6 ans

6 et plus

15 minutes

But du jeu
Au cours d'une conversation rapide, les joueurs doivent, sans se tromper, tutoyer tous les joueurs, sauf Monsieur le maire !

1 Un joueur représente Monsieur le maire. Les autres joueurs choisissent un pseudonyme dans un registre précis (le potager, la BD, le monde des animaux, etc.).

2 Les joueurs échangent des questions et des réponses le plus rapidement possible en veillant à vouvoyer le maire et à tutoyer les autres joueurs. En revanche, le maire, lui, peut tutoyer et vouvoyer qui il veut.

3 Un joueur perd 1 point si :
- il tutoie son interlocuteur alors qu'il devait le vouvoyer et vice versa,
- il donne un pseudonyme erroné à l'un des joueurs.

4 C'est Monsieur le maire qui décide de l'arrêt du jeu, quand tout le monde commence à fatiguer. Le gagnant est celui qui a perdu le moins de points.

Monsieur le curé

Dans cette variante du jeu précédent, le curé remplace le maire. Attention à ne pas le prendre pour un légume !

1 Un joueur représente Monsieur le curé. Les autres joueurs choisissent un nom de légume, par exemple Madame Tomate ou Monsieur Courge.

2 Le curé dit : « Je suis allé dans mon jardin. Je n'ai pas trouvé de courges. »

3 Et Monsieur Courge de répondre : « Vous avez menti Monsieur le curé. J'étais chez Monsieur l'Oignon. » L'oignon poursuit : « Tu as menti. J'étais chez Madame Tomate », et ainsi de suite. Attention, le quatrième légume doit s'adresser de nouveau au curé qui s'adressera à son tour à un légume.

4 Le décompte des points se fait comme pour le jeu précédent.

Connaissez-vous Pierre ?

dès 6 ans

5 à 30

15 minutes

But du jeu

Les joueurs tentent de répéter les mots et de reproduire les gestes du meneur sans se tromper.

1 Les joueurs sont assis en cercle, jambes écartées ou en tailleur.

2 Commence alors un dialogue entre le meneur et les autres joueurs. Le meneur illustre ses formules par des gestes :

Le meneur : « Connaissez-vous Monsieur Pierre ? »

Les joueurs en chœur : « Quel Pierre ? »

Le meneur : « Pierre est un petit bonhomme qui a le pouce comme ça » et il pose sa main droite fermée, pouce en l'air, sur son genou.

Les joueurs répètent la phrase et le geste.

Le meneur ajoute : « Et l'autre pouce comme ceci » et il pose sa main gauche sur son autre genou, les doigts en éventail.

3 Le meneur continue à décrire Pierre en ajoutant de nouveaux détails : « L'œil fermé, le menton qui tremble, une grande bouche tordue ». Les joueurs suivent le meneur et répètent ses paroles, reproduisent ses gestes et ses pires grimaces.

Réflexes

Il était une fois une histoire qui distrayait les joueurs et endormait leur méfiance. Soudain, le meneur prononça un mot magique, et alors... Quelle panique !

La diligence

dès 6 ans — 6 et plus — 15 minutes

But du jeu
S'ils sont bien attentifs, les joueurs réagissent à chaque fois que le nom de leur équipe est annoncé au cours d'un récit improvisé.

1 Les joueurs sont assis en cercle.

2 Le meneur, tiré au sort, divise les joueurs en équipes plus ou moins nombreuses :
- les chevaux,
- les cochers,
- les voyageurs,
- les bagages,
- les roues,
- les voleurs.

3 Le meneur improvise une petite histoire autour de la thématique du Far West puis la raconte aux autres joueurs. Au cours du récit, il doit faire intervenir les noms des différentes équipes.

4 À chaque fois que le meneur nomme un des groupes, les joueurs qui le constituent se lèvent, font un tour sur eux-mêmes et se rassoient aussitôt.

Exemple
Il faisait très chaud ce jour-là. La diligence avait roulé toute la journée et les **chevaux** étaient épuisés. Les **voyageurs** avaient hâte d'arriver à Jamestown. Soudain, la diligence sortit de la route. Il pleuvait des flèches et le **cocher** était touché. Une **roue** était cassée. Les **voleurs** s'approchèrent. Les **voyageurs** étaient terrorisés. Les **bagages** furent pillés.

Variante
On peut choisir d'autres thèmes comme la ferme, le cirque, le marché, le zoo, la gare, etc.

Mare, foulards

dès 6 ans

6 et plus
+ 1 meneur

15 minutes

1 grand foulard par couple

But du jeu
Pour jouer, il faut être en nombre pair. Et pour marquer des points, l'un des joueurs doit attraper avant son adversaire le foulard posé sur leurs genoux.

1 Les joueurs sont assis en cercle, deux par deux, les mains dans le dos. Ils représentent les canards. Un espace de 1 mètre sépare chaque couple de joueurs. Le meneur se place au centre du cercle.

2 Chaque duo possède un foulard qu'il a roulé sur lui même, pour simuler un ver de terre. Le foulard est posé à cheval sur les genoux des deux joueurs, serrés l'un contre l'autre.

3 Le meneur raconte une petite histoire. Lorsqu'il prononce les mots « canard », « mare » ou « foulard », les joueurs doivent se saisir le plus vite possible du foulard de leur partenaire. Attention ! Les joueurs doivent se tenir bien serrés. Ils ne peuvent utiliser que le bras qui n'est pas accolé à leur partenaire. L'autre doit rester dans le dos.

4 Le joueur qui attrape le foulard le premier marque un point. Mais, si les deux joueurs attrapent le foulard en même temps, ou si le foulard est saisi avec la mauvaise main, aucun point n'est marqué.

5 Le meneur décide du nombre de points à atteindre pour arrêter la partie. Celui qui a le plus de points remplace le meneur.

Astuce
Le talent du meneur est dans le déroulement de son récit : il doit faire croire qu'un mot va arriver puis le remplacer par un autre avant d'annoncer les mots fatidiques qui feront réagir les joueurs.

À quatre temps

Pierre appelle Paul. Mais Paul ne répond pas. Alors il appelle 5, qui est un peu distrait. Tant pis, il appelle 8, dont l'oreille est bouchée... Attention, sinon Pierre va finir tout seul !

Pierre appelle Paul

dès 10 ans — 8 et plus

15 minutes

But du jeu
Les joueurs suivent pas à pas l'enchaînement effectué par le meneur et tâchent de se souvenir de leur numéro.

1 Les joueurs sont assis en cercle presque fermé et regardent le meneur.

2 Le meneur s'appelle Pierre, le premier joueur à gauche de Pierre se prénomme Paul et les joueurs suivants portent un numéro de 1 à 8 ou plus.

3 Les joueurs exécutent avec le meneur les gestes suivants :

1. Taper des deux mains sur ses genoux.

2. Frapper dans ses mains.

3. Diriger rapidement sa main droite, pouce levé, vers l'épaule droite.

4. Diriger rapidement sa main gauche, pouce levé, vers l'épaule gauche.

4 Quand tout le monde maîtrise le rythme, le jeu peut commencer. Taper sur ses genoux, frapper dans ses mains... au troisième temps, le meneur dit « Pierre », pouce droit levé. Au quatrième temps, il appelle Paul ou l'un des numéros. Tous les joueurs restent silencieux en exécutant les mouvements.

5 On recommence les mouvements (taper, frapper), puis, au troisième temps, le joueur qui vient d'être interpellé doit dire son prénom (s'il s'agit de Paul) ou son numéro. Au quatrième temps, ce joueur en appelle un autre, etc.

6 Le joueur qui se trompe se place au bout de la chaîne et devient dernier numéro (ou numéro 1 s'il occupait déjà la dernière place). Tous les joueurs sont donc décalés et chacun doit retenir le plus vite possible son nouveau numéro car la partie recommence.

Les yeux bandés, un témoin à la main, à quatre pattes ou sur la pointe des pieds, tous ces jeux très actifs demandent de l’énergie ! Il en faut en effet beaucoup pour courir autour d’une table alors qu’on est poursuivi par un méchant chasseur.

Et qu’il est difficile de ne pas éclater de rire quand un joueur pleurnichant cherche vainement sa taupe ! Les gagnants seront les plus sérieux ou ceux qui ont du flair (à défaut d’y voir clair)… Mais le plus amusant, c’est bien de pouffer bruyamment ou d’errer dans la pièce en faisant des moulinets avec les bras !

Jeux actifs

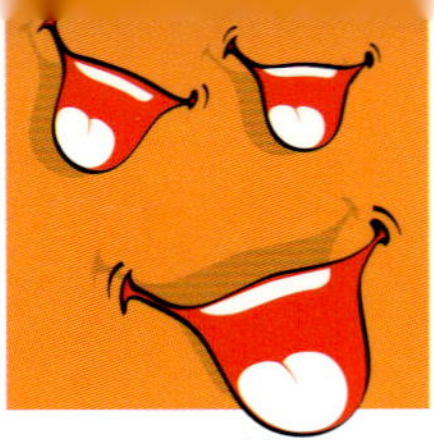

Cache-tampon

Pour jouer à cache-tampon... sortez vos lorgnons !
L'objet à chercher peut être tout petit, voire encore moins grand : évidemment, on cache plus facilement une allumette qu'un éléphant !

Tu brûles !

dès 6 ans

3 et plus

10 minutes

1 objet

But du jeu
Pour trouver l'objet caché (le tampon), il faut se diriger grâce aux indications des autres joueurs.

1 Un joueur sort. Pendant ce temps, les autres cachent le tampon.

2 Le joueur rentre. Il doit trouver le tampon.

3 Les autres joueurs le guident en disant :
- « Tu gèles ! » si le joueur est très loin du tampon ;
- « C'est tiède ! » si le joueur se rapproche du tampon ;
- « Tu brûles ! » si le joueur est sur le point de trouver la cachette.

Variantes
Si les joueurs ne sont pas nombreux, un seul joueur (le meneur) cache le tampon et tous les autres le cherchent. Pour les guider, le meneur s'adresse au joueur qui est le plus près du but : « Là, c'est Nelly qui brûle ! ».
Si les joueurs sont nombreux, former deux équipes. L'une sort pendant que l'autre cache le tampon.

Rapprochement sonore

Ce jeu se joue comme le précédent mais cette fois, les joueurs guident celui qui doit trouver le tampon par une petite chanson, des murmures ou encore des applaudissements. Plus le joueur se rapproche de l'objet, plus les joueurs chantent, murmurent ou applaudissent fort. Plus il s'en éloigne, moins les joueurs font de bruit.

Tampon mannequin

dès 6 ans

4 et plus

15 minutes

1 petit objet (trombone, épingle, stylo)

But du jeu
L'un des mannequins porte le tampon qui ne doit pas être trop voyant. Les autres joueurs doivent deviner de quoi il s'agit.

1 Les joueurs se divisent en deux groupes : les mannequins et les observateurs. On désigne un meneur.

2 Les mannequins défilent devant leurs camarades qui les observent attentivement, puis ils quittent la pièce.

3 Le meneur décrit le tampon sans le montrer ni le nommer et le confie discrètement à l'un des mannequins.

4 Les mannequins défilent à nouveau. L'un d'eux porte le tampon sur lui.

5 Les autres joueurs tentent de deviner qui porte le tampon et de quoi il s'agit. Celui qui pense avoir trouvé chuchote sa réponse au meneur.

Cache allumettes

dès 6 ans

4 et plus (nombre pair)

5 minutes

allumettes

But du jeu
Il faut être rapide et avoir l'œil pour repérer l'allumette dissimulée sur l'adversaire !

1 Les joueurs se divisent en deux équipes égales qui se font face. Chaque joueur a ainsi un adversaire devant lui. Chaque joueur tient une allumette.

2 Au signal de l'un des joueurs (le plus jeune, par exemple), les deux équipes se tournent le dos. Chaque joueur cache sur lui son allumette mais elle doit rester visible.

3 Au nouveau signal, les joueurs se retournent et doivent repérer l'allumette de leur adversaire le plus rapidement possible.

4 On compte 1 point par allumette découverte et on additionne les points dans chaque équipe.

Rires et larmes

Caresser, sans rire, un chat rampant qui miaule comme une casserole, c'est difficile. Répondre sans pouffer à un tragédien qui parle de sa taupe, c'est encore plus difficile. C'est le jeu !

Pauvre petit chat malade

dès 6 ans

4 et plus

5 minutes

chaises

But du jeu
Rester de marbre lorsqu'on tente de vous faire rire, ce n'est pas toujours facile !

1 Les joueurs, sauf un qui incarne le petit chat, sont assis sur des chaises et forment un cercle.

2 Le chat doit circuler à quatre pattes autour des joueurs. Il en choisit un et tente de le faire rire en miaulant, grimaçant et en se frottant trois fois contre ses jambes.

3 Le joueur désigné doit à chaque fois caresser le dos du chat et lui dire « pauvre petit chat malade ! » en gardant son sérieux. En revanche, les autres joueurs ont le droit de rire.

4 Si le joueur parvient à rester sérieux, le chat va trouver un autre joueur. Dans le cas contraire, il prend la place du chat.

La taupe

dès 6 ans

4 et plus

15 minutes

But du jeu
Après avoir mémorisé le dialogue sur la taupe, les joueurs tenteront de garder tout leur sérieux devant ceux qui sauront inventer les pires grimaces !

1 Les joueurs forment un cercle rapproché. Le jeu commence par celui qui connaît le mieux le dialogue qui suit.

2 Il se tourne vers son voisin et lui pose des questions sur un ton sérieux. Son voisin doit répéter ce qu'il dit :
– « Avez-vous vu ma taupe ? »
– « Oui, j'ai vu votre taupe. »
– « Elle est belle, ma taupe ? »
– « Oui, c'est une belle taupe. »
– « L'avez-vous regardée, ma taupe ? »
– « Oui, j'ai regardé votre taupe. »

3 Le joueur interrogé par le premier joueur reprend le même dialogue avec son voisin. Le relais se poursuit mais les joueurs doivent changer d'intonation. Le ton peut être dramatique, joyeux, dubitatif, sentimental, accéléré ou ralenti, etc.

4 Le dernier joueur pose à nouveau les questions à son voisin et ainsi de suite jusqu'à ce que l'on fasse un tour complet.

5 Après un tour complet, le joueur qui répond doit plisser les yeux à la manière d'une taupe. Attention ! Il ne faut pas rire au risque de perdre 1 point.

6 Une fois ce dialogue bien appris, les joueurs pourront s'amuser à en inventer d'autres.

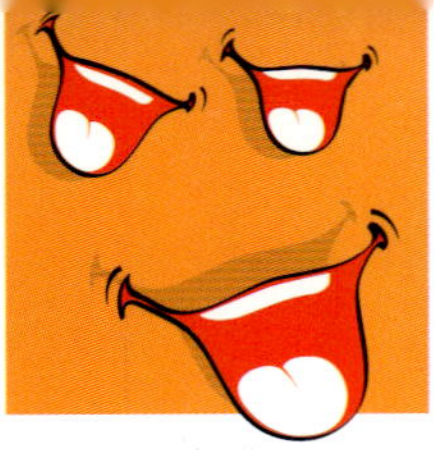

Bonne conduite

Quel rapport entre un circuit automobile et la cour d'un roi ? La bonne conduite, bien sûr ! Attention aux coups de frein des voisins, soignez vos courbettes et gare aux cadeaux mal choisis.

Bruitages

dès 6 ans

3 et plus

10 minutes

But du jeu
Les joueurs doivent mimer la conduite en l'accompagnant du bruitage correspondant.

1 Les joueurs sont assis en cercle. On désigne un meneur.

2 Celui-ci fait semblant de conduire un bolide à grand renfort de gestes (pieds en avant, épaules en arrière, mâchoires serrées et yeux plissés) et de bruitages (« vraoumm »).

3 Le voisin reproduit à sa façon les gestes et les bruits. Il peut introduire des sons différents comme « iiiiiiii ! » pour imiter le coup de frein ou « tut tut » pour le klaxon qui oblige à ralentir.

4 Le mime fait ainsi le tour de tous les joueurs.

5 Attention ! Lorsqu'un joueur se sert de son frein, le jeu repart dans l'autre sens et quand un joueur klaxonne, les « vraoumm » doivent être plus discrets et la conduite plus souple.

Sa Majesté

dès 6 ans — 4 et plus

10 minutes

1 chaise (le trône)

But du jeu

Sa Majesté doit rester de marbre tandis que ses courtisans tentent de la faire rire, sans la chatouiller bien sûr !

1 Le trône est placé au milieu de la pièce afin d'être bien visible. Un joueur représentant le roi ou la reine s'y installe. Les autres joueurs sont les courtisans.

2 À tour de rôle, les courtisans apportent au souverain un cadeau avec des grimaces et des formules alambiquées. Mais, le cadeau doit être dérisoire : un papier de chewing-gum, un cheveu, une allumette consumée, etc.

3 Le joueur qui parvient à faire rire son seigneur le remplace.

Je me nomme

dès 6 ans — de 4 à 15

15 minutes

1 chaise (le trône)

But du jeu

Les joueurs doivent deviner pourquoi le souverain accepte ou refuse les cadeaux de ses sujets.

1 Comme pour le jeu précédent, le trône est placé au milieu de la pièce. Le souverain s'y installe.

2 Les autres joueurs, les sujets, lui proposent chacun trois cadeaux. Ils doivent décliner leur identité en donnant leur nom, leur prénom et leur ville d'origine.

3 Le souverain accepte les cadeaux dont le nom commence par la même initiale que les trois mots annoncés par le joueur et refuse les autres.

Les joueurs plus jeunes ne donneront que leur prénom et donc un seul cadeau. Pour aider les joueurs, le souverain répétera bien le prénom annoncé, quitte à insister sur la première lettre du mot.

Exemple

Un sujet se présente : « Bonjour Majesté, je me nomme **M**artin **D**upond et je viens de **P**alaiseau. Voici un **m**arcassin, un **p**anda et un **c**offret ». Le roi refuse le **c**offret.

Animaux animés

Escarpins, sandalettes, voilà des fers bien légers pour se promener... Peu importe, la chaussure fait l'âne. Quant à la biche, ce n'est pas une promenade qui l'attend, mais un marathon !

Le chasseur et la biche

dès 6 ans

3 et plus

3 minutes

2 bandeaux, 1 table

But du jeu
La biche doit à tout prix échapper au chasseur qui la poursuit.

1 Tirer au sort la biche et le chasseur et leur bander les yeux. Les autres joueurs observent la scène.

2 Les deux joueurs se placent de part et d'autre d'une grande table sans chaises.

3 Déterminer une durée de jeu. Au signal de l'un des observateurs, le chasseur court après la biche pour l'attraper. Les joueurs doivent obligatoirement toucher la table d'une main.

4 Le chasseur gagne s'il réussit à toucher la biche ; l'animal remporte la partie s'il parvient à échapper au chasseur. Le gagnant affronte un nouvel adversaire.

Ânes à ferrer

dès 6 ans

3 et plus

15 minutes

8 chaussures, 2 chaises, 2 bandeaux

But du jeu

À tâtons, il faut retrouver les quatre fers de son âne pour pouvoir le chevaucher.

1 Placer deux chaises au milieu de la pièce et éparpiller quatre paires de chaussures dans un espace délimité. Les chaises représentent les ânes. Elles doivent se distinguer l'une de l'autre afin que les joueurs puissent reconnaître leur monture, même en ayant les yeux bandés. Les chaussures sont les « fers » des ânes.

2 Tirer au sort deux joueurs et leur bander les yeux. Les autres joueurs se placent sur le côté pour observer la scène.

3 Au signal, les joueurs « aveugles » se mettent à quatre pattes et partent à la recherche des chaussures (les fers). Attention, ils ne peuvent en prendre qu'une à la fois.

4 Dès qu'ils en ont trouvé une, les joueurs tentent de retrouver leur monture pour placer la chaussure sous l'un de ses pieds. Puis, ils repartent à la recherche d'une autre chaussure jusqu'à ce qu'ils aient fini de ferrer leur âne.

5 Chaque joueur peut prendre un fer déjà posé sous l'âne de son adversaire. Mais, il n'a pas le droit d'attraper celui que l'autre joueur a déjà en main.

6 Le gagnant est celui qui est parvenu à ferrer les quatre pieds de son âne. Il peut alors chevaucher sa monture. Deux nouveaux joueurs rentrent alors en piste.

Variante

Si les joueurs sont nombreux, on peut aussi augmenter le nombre de joueurs aux yeux bandés et attribuer des fers précis à chacun d'eux : chaussures de femme, de sport, pantoufles, etc.

Chut !

Pas un bruit, il faut voler les clefs du roi. Chut !
Même pour le servir, ses valets doivent faire silence.
Mais, le roi veut-il vraiment des serviteurs ?
Et Juliette attend-elle vraiment Roméo ?

Le roi du silence

dès 6 ans — 4 et plus

10 minutes

1 bandeau, 1 trousseau de clefs, 1 chaise (le trône)

But du jeu
Le but est, pour les joueurs, de dérober les clefs du roi et, pour le roi, de se défendre en pointant du doigt celui qu'il entend.

1 Un joueur représentant le roi est tiré au sort. Il a les yeux bandés et est assis sur le trône, les bras croisés. Les clefs sont posées derrière lui, par terre.

2 À tour de rôle, chaque joueur tente de s'approcher le plus discrètement possible du souverain pour lui dérober ses clefs.

3 Dès que le roi entend le moindre bruit, il pointe son doigt en direction du voleur. S'il se trompe, le joueur continue, mais si le roi a visé juste, le joueur regagne sa place et un autre joueur tente sa chance.

4 Si au bout de 5 minutes, personne n'est parvenu à voler le trousseau, le roi remporte la partie.

5 Si un joueur parvient à dérober les clefs du roi, il monte à son tour sur le trône.

Roméo et Juliette

dès 6 ans — 8 et plus

10 minutes

1 bandeau

But du jeu
Roméo doit parvenir à attraper Juliette en la localisant au son de sa voix.

1 Placer deux joueurs (Roméo et Juliette) au centre d'un cercle de joueurs.

2 Roméo, les yeux bandés, poursuit Juliette à l'intérieur du cercle. Il est guidé par le son de sa voix car chaque fois qu'il l'appelle, elle répond : « Ici, mon Roméo ».

3 Si Roméo réussit à attraper Juliette, c'est au tour de celle-ci de jouer le rôle de Roméo, puis deux nouveaux joueurs prennent la relève.

Variante
Pour les plus agiles, on peut aussi lier les pieds de Juliette... mais c'est plus risqué !

Le roi et ses valets

dès 6 ans

6 et plus + 1 meneur

10 minutes

chaises, 1 bandeau

But du jeu
Pour parvenir à leurs fins, les deux valets doivent s'asseoir aux côtés du roi sans que celui-ci les entende.

1 Le roi est tiré au sort. Il est assis sur le trône, les yeux bandés. Deux chaises vides sont placées de part et d'autre du trône. Les autres joueurs sont assis en cercle.

2 Le roi proclame : « Le roi du silence attend avec impatience ses valets les plus discrets ». Le meneur désigne alors silencieusement deux joueurs, il sera ensuite l'arbitre du jeu.

3 Les deux joueurs tentent de s'approcher pour s'asseoir sur les chaises sans que le roi s'en aperçoive. Pour les en empêcher, le roi peut donner des consignes telles que « Levez un pied », « Faites un tour sur place » ou « Reculez de deux pas ! », etc.

4 Si le roi entend l'un des valets, il pointe son doigt vers lui. Si son indication est juste, le valet repart de sa place. L'autre progresse toujours.

5 Si le roi désigne les deux joueurs, il gagne. Si les valets sont tous deux assis, ils gagnent.

Colin-Maillard

Colin cherche quelqu'un. À moins qu'il ne soit recherché. Maillard cherche un réveil. Colin aussi d'ailleurs... Une chose est sûre, à Colin-Maillard, certains ne voient pas clair.

Tic-Tac

dès 6 ans

6 et plus

15 minutes

2 bandeaux, 1 réveil à aiguilles

But du jeu
Il faut attraper le réveil avant son camarade.

1 Deux joueurs ont les yeux bandés. Le premier s'appelle Colin et l'autre Maillard.

2 Les deux joueurs agenouillés se placent chacun dans un angle de la pièce.

3 Le réveil est posé au milieu de la salle, à égale distance des joueurs. Le gagnant est celui qui l'attrape le premier. Deux autres joueurs peuvent alors prendre la place de leurs camarades.

Variante
Pour ce jeu, on peut aussi utiliser des objets complémentaires comme un crayon et un taille-crayon ou une cuillère et une fourchette, et les disperser dans la pièce. Au signal, les joueurs doivent retrouver les deux objets. Celui qui s'en empare le premier a gagné, mais si les joueurs en attrapent un chacun, ils ont perdu.

Colin bridé

dès 6 ans

6 et plus

15 minutes

1 bandeau

But du jeu
Il faut être rapide pour capturer un de ses camarades et faire preuve d'intuition pour l'identifier.

1 Tirer un joueur au sort et lui bander les yeux. Ce sera Colin.

2 Faire tourner le joueur sur lui-même afin qu'il perde le sens de l'orientation.

3 Les joueurs se dispersent puis s'immobilisent dans la pièce. Colin doit attraper l'un d'eux et le reconnaître en le palpant.

4 Pour échapper à Colin, les joueurs ont le droit de s'esquiver en bougeant sur place. Ils peuvent aussi le provoquer de la main ou l'interpeller pour l'attirer. Si Colin s'approche d'un obstacle, les joueurs crient « casse-cou ! ».

5 Dès que Colin reconnaît un joueur, ils échangent leurs rôles.

Le nom du jeu, « Colin-Maillard », est lié aux aventures d'un certain Colin, chevalier liégeois, surnommé Maillard en raison de son habileté à manier le maillet. Il fut frappé au visage et rendu aveugle au cours d'un combat.

Colin trois pas

Dans cette variante de Colin bridé, les joueurs, pour échapper à Colin, peuvent faire jusqu'à trois pas, d'un coup ou l'un après l'autre, durant la partie. Mais attention : dès qu'on lève le pied, cela compte pour un pas ! Après trois pas, il est interdit de bouger !

Colin-Maillard clochette

Dans cette version de Colin-Maillard, les rôles sont inversés. Tous les joueurs ont les yeux bandés sauf Colin, qui tient une clochette ou un objet sonore révélant sa présence. Les joueurs doivent attraper Colin. Ils se dirigent en s'aidant du bruit que fait Colin.

À l'aveugle

L'amour rend aveugle : les mères tendront donc l'oreille pour trouver leur enfant, et les marins aussi, pour l'amour d'un trésor. Quant à la jalousie, elle donne des ailes : courez, heureux élus !

Les mamans et leur bébé

dès 6 ans

6 et plus

15 minutes

foulards

But du jeu
Chaque maman doit retrouver l'unique bébé qu'elle possède.

1 Les joueurs se divisent en deux équipes égales : les mamans et les bébés. Un bébé est attribué à chaque maman.

2 Les mamans ont les yeux bandés. Les bébés se dispersent dans la salle et ne bougent plus.

3 Au signal de l'une des mamans, tous les bébés se mettent à crier « maman » en même temps.

4 Les mères doivent retrouver leur bébé au son de sa voix. La première qui y parvient a gagné.

Ce jeu est bien plus drôle si l'on ne tient pas compte de l'âge ou du sexe des joueurs. Ainsi, des garçons (ou des papas) peuvent aussi jouer le rôle des mamans.

Ma mer

dès 6 ans

15 et plus
+ 1 meneur

15 minutes

1 table, 1 objet, bandeaux

But du jeu
Les sous-marins ont pour mission d'attraper l'objet en évitant les récifs.

1 La table est placée au centre d'une pièce vide d'obstacles. Poser dessus l'objet choisi. Tirer au sort le meneur.

2 Les joueurs se divisent en deux équipes de deux-tiers et un tiers. Les premiers seront les sous-marins, les seconds, les récifs.

3 Les sous-marins ont les yeux bandés et sortent de la pièce. Les récifs se dispersent dans la pièce et s'assoient.

4 Le meneur fait entrer les sous-marins l'un après l'autre. Successivement, ils doivent atteindre l'objet. Les plus jeunes ont le droit de repérer les récifs avant de se bander les yeux.

5 De temps en temps, les récifs font mugir leur corne de brume pour signaler leur présence.

6 Le premier sous-marin qui parvient sans se cogner à attraper l'objet a gagné.

7 Le sous-marin qui rencontre un récif plus de trois fois s'assoit sous la table jusqu'à la fin de la partie.

Jalousie

dès 6 ans

8 et plus

15 minutes

1 bandeau, 1 ficelle ou 1 craie, mouchoirs différents

But du jeu
Dans ce jeu d'adresse et de rapidité, il faut attraper le joueur « choisi » par l'aveugle.

1 Tracer une ligne au sol à l'aide de la craie ou de la ficelle. Désigner un meneur.

2 Tirer au sort celui qui jouera le rôle de l'aveugle et lui bander les yeux. Il se tient debout, les jambes écartées, derrière la ligne qu'il ne devra pas franchir.

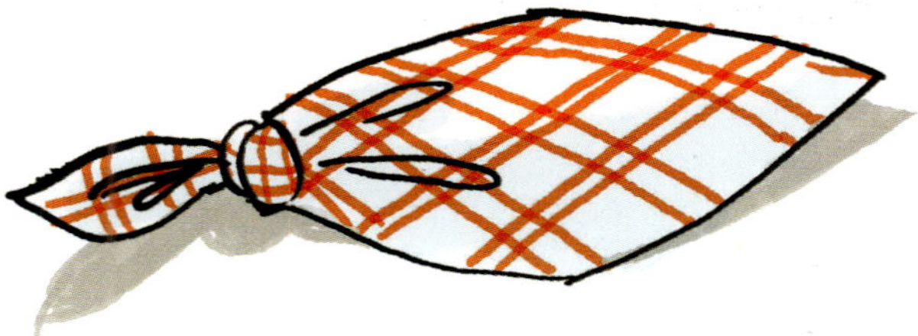

3 Les autres joueurs prennent un mouchoir dont ils ont noué l'un des coins. Ils se placent derrière l'aveugle. Au signal du meneur, ils lancent leur mouchoir entre les jambes de l'aveugle.

4 Ce dernier ramasse un seul mouchoir. Les autres sont repris par leurs propriétaires.

5 Les joueurs poursuivent celui dont le mouchoir a été choisi et font mine de le frapper de leur propre mouchoir.

6 Si le joueur échappe aux jaloux au bout d'un temps donné, il devient l'aveugle.

Drôles d'oiseaux

La vie de basse-cour n'est pas de tout repos : on peut y perdre des plumes, endurer mille chatouilles ou encore rencontrer des voleurs de poulets. Il s'en passe des choses dans un poulailler !

Plumer le poulet

dès 6 ans — 6 et plus

10 minutes

1 grand T-shirt, pinces à linge, 1 bandeau

But du jeu
Les joueurs doivent faire preuve de vivacité pour parvenir à plumer le poulet sans se faire toucher.

1 Tirer au sort le joueur qui fera le poulet ou désigner le plus grand joueur. Lui faire enfiler le T-shirt sur lequel chacun épingle des pinces à linge (les plumes).

2 Le poulet se tient au centre de la pièce, les yeux bandés et les jambes écartées pour plus de stabilité.

3 Les joueurs doivent arracher les plumes du poulet sans que celui-ci les touche. Celui qui est touché plus de trois fois prend sa place.

Les poussins

dès 6 ans
7 et plus
10 minutes
1 bandeau, 1 cuillère en bois

But du jeu
La mère poule doit reconnaître au moins l'un de ses poussins.

1 Tirer au sort le joueur qui jouera le rôle de la poule. Elle est debout, les yeux bandés et tient une cuillère de bois à la main. Les autres joueurs, les poussins, se dispersent et s'assoient.

2 La poule doit se déplacer lentement pour tenter de toucher ses poussins avec la cuillère. Mais les poussins peuvent aussi se pencher pour l'éviter.

3 Si la poule touche l'un des poussins, elle peut le tâter en plusieurs endroits avec la cuillère pour tenter de le faire rire ou parler. Celui-ci ne doit se manifester que par des petits « piou, piou » !

4 Si la poule reconnaît l'un de ses poussins, ils échangent leurs places. Sinon, elle continue sa recherche.

Voleurs de poules

dès 6 ans
3 et plus
15 minutes
2 foulards, 7 chaises ou tabourets, 7 objets faciles à saisir

But du jeu
Il faut piller le poulailler les yeux bandés avant son adversaire.

1 Disperser les chaises et sur chacune d'elles, poser un objet (une poule).

2 Deux joueurs se portent volontaires pour jouer les voleurs. Leur bander les yeux.

3 Les voleurs partent à tâtons en quête de poules. Chaque fois qu'un des joueurs en trouve une, il la prend, laissant ainsi la chaise vide. En revanche, si la chaise est vide, le voleur dépose l'une des poules qu'il a déjà volées et poursuit sa recherche.

4 Le voleur gagnant est celui qui, le premier, parvient à se saisir de quatre poules.

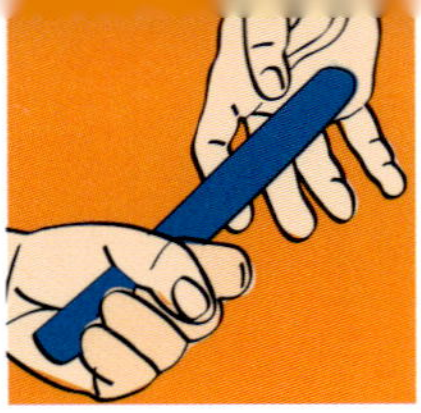

Mot à mot

Courons, courons, pour passer le témoin ! Que l'on accélère des neurones ou des jambes, que le témoin soit un mot ou un crayon, il s'agit d'aller vite, sans trébucher.

Lettre par lettre

dès 8 ans

8 et plus + 1 meneur

10 minutes

But du jeu
Chaque joueur doit deviner le mot qu'un autre joueur écrit dans son dos.

1 Les joueurs se divisent en équipes égales et forment des files parallèles.

2 Le meneur chuchote un mot simple à l'oreille du dernier joueur de chaque file.

3 Sur le dos de celui qui le précède, le joueur écrit, en lettres capitales, le mot avec le doigt.

4 Le mot remonte ainsi la file jusqu'au premier joueur qui le prononce à voix haute.

5 L'équipe gagnante est celle qui est parvenue la première à transmettre le mot exact au premier joueur.

Relais journal

dès 10 ans

10 et plus
+ 1 meneur

20 minutes

crayons de couleur, journaux identiques

But du jeu
Chaque joueur aura pour mission de retrouver pour son équipe l'un des mots choisis par le meneur.

1 Dans une grande pièce vide, placer une grande table dans un coin, à l'opposé des joueurs. Former des équipes égales et désigner le meneur.

2 Dans les journaux, le meneur découpe la même page pour chaque équipe. Il repère autant de mots différents qu'il y a de joueurs par équipe et les classe dans l'ordre. Il pose chaque page sur la table.

3 Le meneur appelle les deux premiers joueurs et leur demande de retrouver dans leur page de journal le premier mot de la liste.

4 Dès qu'un joueur trouve le mot demandé, il l'entoure au crayon de couleur et revient en courant pour confier son crayon au second joueur. Celui-ci va trouver le meneur pour connaître le second mot de la liste qu'il devra entourer à son tour, et ainsi de suite jusqu'au dernier joueur.

Variante
Pour chaque équipe, le meneur choisit un mot comportant le même nombre de lettres courantes. Les premiers joueurs doivent trouver la première lettre du mot en commençant par le bas de la page, l'entourer et passer le crayon aux seconds joueurs pour que ceux-ci trouvent la lettre suivante deux lignes au-dessus, et ainsi de suite jusqu'à ce que le mot soit complet.
Il est indispensable que le meneur ait lui-même testé le jeu avant de le proposer.

Relais tableau

dès 10 ans

6 à 16
+ 1 meneur

20 minutes

1 grande feuille de papier et 1 feutre pour chaque équipe

But du jeu
Les joueurs d'une même équipe doivent construire une phrase cohérente sans se concerter.

1 Former des équipes égales. Disposer par terre ou accrocher au mur une grande feuille et un feutre pour chaque équipe. Les équipes se placent à quelques mètres de leur feuille et restent silencieuses.

2 Au signal du meneur, le premier joueur de chaque équipe court vers sa feuille et écrit le premier mot d'une phrase. Il revient en courant et passe le feutre au second joueur de son équipe. La phrase se forme ainsi au fur et à mesure. Elle doit être complète et compréhensible.

3 Pour départager les équipes, le meneur sélectionnera la phrase la plus cohérente.

Conseils
Le meneur peut imposer le même mot de départ à chaque équipe.
Tous les mots comptent, même les articles. En revanche, les mots composés comptent pour un s'ils sont séparés par un tiret.

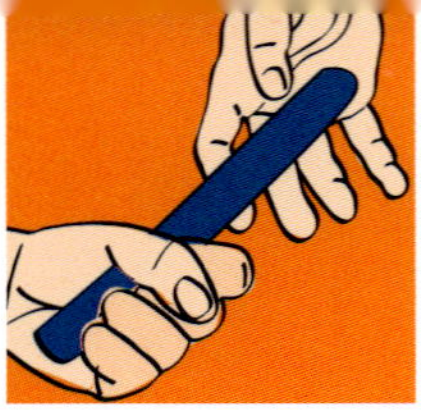

Dans l'étang

Pour traverser l'étang sans se mouiller, rien de tel que des nénuphars géants. Mais attention, ça glisse ! Et pour dompter un poisson volant... rien ne vaut la patience !

Les nénuphars géants

dès 6 ans

4 à 12 + 1 meneur

15 minutes

3 feuilles de carton fin (format A4) par équipe, 1 craie ou 1 longue ficelle

But du jeu
Pour jouer, il faut être en nombre pair. L'équipe qui parvient à traverser l'étang le plus vite, et sans pénalités, a gagné.

1 Déterminer un parcours. Former des équipes égales qui se placent, côte à côte, en file indienne, derrière la ligne de départ tracée à la craie ou matérialisée par la ficelle.

2 Le premier joueur de chaque file prend trois feuilles de carton (les nénuphars). Au signal du meneur, les joueurs déposent deux feuilles au sol, placent leurs pieds dessus et posent la troisième feuille devant eux. Puis, ils posent un pied sur la troisième feuille, ramassent la première et la placent devant eux.

3 Les joueurs continuent ainsi jusqu'au bout du parcours. Mais attention, ça glisse ! Tout joueur qui met le pied directement sur le sol ou perd l'équilibre et pose la main à terre donne 1 point de pénalité à son équipe.

4 Chaque joueur revient en courant, les trois feuilles à la main, et passe le relais au joueur suivant.

5 La partie s'arrête dès qu'une équipe a fini son parcours. L'équipe qui a le moins de points de pénalité a gagné.

Variante
Pour compliquer un peu le jeu, on peut aussi utiliser des boîtes à chaussures à la place des feuilles.

Les poissons volants

dès 6 ans

4 à 12
+ 1 meneur

10 minutes

1 carton fin (format A4)
et 1 feuille de papier par équipe,
1 craie ou 1 longue ficelle

But du jeu

Pour jouer, il faut être en nombre pair. Les joueurs de chaque équipe doivent faire preuve d'habileté et de patience pour parvenir à faire atterrir leur poisson volant dans le cercle.

1 Dans une pièce sans courants d'air, tracer une ligne de départ à la craie, ou la matérialiser par la ficelle. Plus loin, tracer un rectangle au sol, c'est la piste d'atterrissage.

2 Dans le papier, découper pour chaque équipe une forme de poisson de la taille de la main.

3 Former des équipes égales qui se placent, côte à côte, en file indienne derrière la ligne de départ.

4 Les premiers joueurs de chaque file prennent un poisson et un carton. Au signal du meneur, ils posent le poisson au sol et tentent de le faire avancer jusqu'à la piste d'atterrissage en agitant la feuille de carton.

5 Quand un joueur a réussi à placer son poisson, il le récupère et court le donner avec le carton au joueur suivant de son équipe.

6 L'équipe qui finit la première a gagné.

Variante

On peut aussi jouer à ce jeu sur une surface plus petite. Une table ou un banc peuvent très bien faire l'affaire. Mais dans ce cas, c'est le souffle des joueurs qui sert de propulseur !

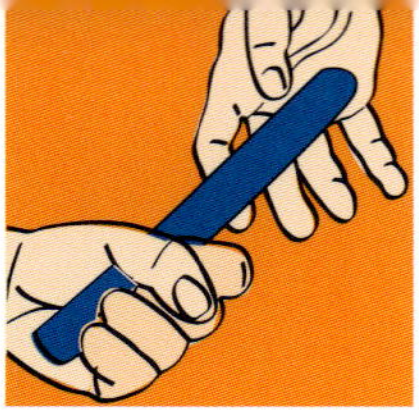

Aller-retour

Pourquoi remplacer sa main par une petite cuillère ? Pourquoi utiliser deux baguettes quand on a cinq doigts ? Voyons, c'est bien connu : les jeux les plus drôles sont les plus farfelus.

À la cuillère

dès 6 ans

6 et plus + 1 meneur

15 minutes

1 cuillère à soupe, 1 balle de ping-pong et 2 chaises pour chaque équipe, 1 craie ou 1 longue ficelle

But du jeu
Pour jouer, il faut être en nombre pair. Tous les joueurs doivent parcourir le plus vite possible la distance déterminée entre deux chaises, avec une balle de ping-pong dans une cuillère. C'est une question d'équilibre.

1 Déterminer un parcours et fixer une ligne de départ à la craie ou avec la ficelle. Placer une chaise au bout du parcours.

2 Former des équipes égales qui se placent derrière la ligne de départ. Devant chaque équipe, placer une chaise et y poser une balle de ping-pong.

3 Les premiers joueurs de chaque équipe tiennent la cuillère à la main. Au signal, ils tentent de faire glisser la balle dans la cuillère sans s'aider de l'autre main, puis la portent jusqu'à la seconde chaise.

4 Quand ils sont parvenus à déposer la balle, les joueurs reviennent en courant et donnent la cuillère au joueur suivant, et ainsi de suite jusqu'à ce que tous les joueurs aient fait le parcours sans faute.

En équilibre

dès 6 ans

6 et plus
+ 1 meneur

15 minutes

1 craie ou ficelle, divers objets

But du jeu
Pour jouer, il faut être en nombre pair. Tous les membres de l'équipe doivent parcourir la distance déterminée le plus vite possible, en portant un objet en équilibre.

1 À l'une des extrémités d'une pièce, fixer une ligne de départ à la craie ou avec la ficelle.

2 Former des équipes égales qui se placent en file indienne derrière la ligne de départ.

3 Au signal du meneur, les premiers joueurs de chaque équipe marchent le plus vite possible en portant en équilibre l'objet choisi. Dès qu'ils ont atteint l'extrémité de la pièce, ils reviennent, en portant toujours l'objet, et le passent au second joueur. Si l'objet tombe, le joueur repart de l'endroit où l'objet a fini sa course.

Exemples
Voici quelques objets parfaits pour ce jeu :
- un ballon de baudruche posé sur une assiette,
- une boîte d'allumettes coincée entre deux baguettes,
- un manche à balai ou stylo posé en équilibre sur l'index,
- un livre posé sur la tête.

Relais sportifs

Selon la taille et l'âge des joueurs, il est facile d'imaginer des relais faisant appel à des déplacements plus sportifs !
En voici quelques exemples :
- à saute mouton,
- à cloche-pied,
- deux par deux, côte à côte, les chevilles liées,
- en crabe,
- à trois en se tenant par le bras, le joueur du milieu devant marcher à l'envers,
- en brouette : le premier joueur est à quatre pattes. Le second lui tient les deux pieds,
- en chaise à porteur : deux joueurs joignent leurs mains pour former un siège sur lequel s'assoit un troisième joueur.

Qu'est-ce qui se gratte la tête d'une main, les yeux levés au ciel, l'air un peu ahuri ? C'est un joueur qui cherche la solution d'une devinette. Et s'il ne la trouve pas ? Il a un gage bien sûr ! Ce genre de petit défi est très utile pour détendre l'atmosphère et relancer le jeu quand les moins assidus commencent à lâcher prise.

On peut même décider de faire une partie composée uniquement de gages, surtout s'ils sont de plus en plus compliqués… Les fous rires sont garantis ! Quant aux devinettes, une fois que l'on est passé maître en la matière, pourquoi ne pas en inventer à son tour ?

Gages et devinettes

Quelques gages

Le joueur qui reçoit un gage a bien de la chance : il va pouvoir « épater » et faire rire les gagnants ! Et si le gage est difficile ? Tant mieux… c'est encore plus drôle !

Vocal et musical

- Reproduire dix cris d'animaux parfaitement reconnaissables.
- Faire le tour de la table en aboyant ou en miaulant en évitant de rire.
- Faire une bise sonore à la personne de son choix.
- Réciter un petit texte de mémoire.
- Réciter l'alphabet à l'envers de Z à A. Ou pire ! Réciter l'alphabet à l'envers en numérotant chaque lettre (Z26, Y25, X24, etc.).
- Dire de plus en plus vite : « Les chaussettes de l'archiduchesse sont-elles sèches, archi-sèches ? »

- Répéter trente fois sans se tromper : « Panier, piano ».
- Raconter une histoire drôle.
- Chanter *La Marseillaise* sur l'air de *Il était un petit navire* ou réciproquement.
- Chanter *Frère Jacques* allongé sur le dos sans relever la tête.
- Chanter *Au clair de la lune* en pleurant, puis en riant.
- Chanter une chanson pendant qu'on en écoute une autre dans un casque.

Gestuel et visuel

- Mimer le toréador et le taureau avec un autre joueur.
- Mimer l'épluchage et la dégustation d'une orange très juteuse.
- Faire une grimace sans utiliser les mains.
- Réciter une recette de cuisine en l'accompagnant de gestes.
- Traverser la pièce comme un automate.
- Trouver cinq éléments d'une même couleur visibles par tous les joueurs.

En forme de défi

- Toucher le bout de son nez avec sa langue.
- Se frotter le ventre en cercle avec la main droite en se frappant la tête avec la main gauche puis inverser.
- Transporter un verre d'eau rempli à ras bord.
- Boire un verre d'eau la tête à l'envers sans en renverser une goutte.
- S'arracher un cheveu et faire un nœud avec.
- Enfiler une chaussette sur chaque main et faire un nœud avec une ficelle.
- Peler un fruit en une seule épluchure.
- Placer un bout de carton sur son front et écrire son prénom dans le bon sens, ou dessiner un personnage.

- Découper un cœur en papier avec la main gauche si on est droitier, ou inversement.
- Garder son sérieux pendant une minute tandis que les autres joueurs font les pires grimaces.
- Citer le prénom de tous ses camarades de classe.
- Citer des ustensiles de cuisine portant la même initiale que les prénoms des joueurs.
- Citer le maximum de magasins d'une rue que l'on emprunte tous les jours.
- Serrer très vite la main de toutes les personnes présentes en disant « Bonjour Madame » aux garçons et « Bonjour Monsieur » aux filles.

Sportif

- Effectuer un parcours à cloche-pied.
- Lever le genou droit, poser son coude gauche dessus. Tenir une minute dans cette position.
- Faire le poirier les pieds contre le mur.
- Faire la brouette à deux.
- Faire au moins trois pompes d'affilée.
- Faire trois roulades sur un tapis.
- Se tenir derrière une chaise, talons joints, les mains sur le dossier. S'asseoir sur la chaise sans lâcher le dossier et sans bouger les pieds.
- Appuyer la tempe droite et le pied droit contre le mur, et essayer de lever la jambe gauche.
- Faire un parcours au sol, à l'aide d'une longue ficelle. Marcher sur la ficelle et suivre le parcours jusqu'au bout comme un funambule.
- Descendre la poubelle et remonter le courrier sans prendre l'ascenseur (si on joue dans un appartement)... mais seulement si on n'a pas trouvé de meilleur gage !

Devinettes à thème

Monsieur et madame Céquoilaréponse ont un fils, comment s'appelle-t-il ? Aimé !
Heureusement qu'on peut trouver les réponses des devinettes à la fin du livre... Mais le plus drôle, c'est de chercher !

En toutes lettres

1 Quel est le centre de gravité ?

2 Quelles sont les 3 lettres les plus piquantes ?

3 Quelles sont les 3 lettres que l'on boit au petit déjeuner ?

4 Quelles sont les 3 lettres avec lesquelles on remue son cacao ?

5 Quelles sont les 2 plus vieilles lettres de l'alphabet ?

6 Quelles sont les 3 lettres des enfants remuants ?

7 Quelles sont les 3 lettres qui trahissent la fatigue ?

8 Sans moi, l'ânon dit non, la craie crie et la laisse devient lisse. Qui suis-je ?

9 Je commence la nuit, finis le matin et me retrouve deux fois dans l'année. Qui suis-je ?

Monsieur et madame

10 Monsieur et madame Oukoi ont deux fils qui ne sont pas très malins. Comment s'appellent-ils ?

11 Monsieur et madame Alizan ont un fils qui a le pouvoir d'immobiliser ses camarades. Comment s'appelle-t-il ?

12 Monsieur et madame Micoton ont une fille qui aime porter des pulls. Comment s'appelle-t-elle ?

13 Monsieur et madame Peulaporte ont une fille et deux garçons qui provoquent des courants d'air dans toute la maison. Comment s'appellent-ils ?

14 Monsieur et madame Inégraitébone ont un fils qu'ils félicitent pour sa sauce de salade. Comment s'appelle-t-il ?

15 Monsieur et madame Zore ont un fils passionné par les terribles lézards. Comment s'appelle-t-il ?

16 Monsieur et madame Cover ont un fils mince comme un fil. Comment s'appelle-t-il ?

17 Monsieur et madame Cépalour ont deux fils très légers. Comment s'appellent-ils ?

18 Monsieur et madame Terrieur ont deux fils très différents. Comment s'appellent-ils ?

19 Monsieur et madame Sontracteurdanlgarage ont un fils qui conduit bien. Comment s'appelle-t-il ?

20 Monsieur et madame Tit'goutte ont trois filles qui aiment boire. Comment s'appellent-elles ?

21 Monsieur et madame Enfant ont deux filles qu'on fête à Noël. Comment s'appellent-elles ?

22 Monsieur et madame Deuf ont un fils. Comment s'appelle-t-il ?

Des prénoms et des noms

23 Je porte le nom d'un maillot sans manches.

24 Je porte le nom d'une étoffe légère.

25 Je porte le nom d'un gâteau mais également celui d'une coiffe.

26 Je porte le nom d'un accessoire utile pour repasser.

27 Je porte le nom d'un magnifique arbre du midi dont le rameau est symbole de paix.

28 Je porte le nom d'une pierre précieuse.

29 Je porte le nom d'une pièce de monnaie ancienne.

Quand le corps parle... expressions imagées

30 En employant chaque fois le mot *dent*, comment dire : je suis agressif, tendu, ambitieux et affamé ?

31 En employant chaque fois le mot *œil*, comment dire : je suis menaçant, attentif, je dis oui avec confiance, je suis très surpris et je te surveille ?

32 En employant chaque fois le mot *jambe*, comment dire : je me sens faible, je m'échauffe, je m'en vais en courant et je suis fatigué ?

33 En employant chaque fois le mot *cheveu*, comment dire : je me fais du soucis, je zézaye, ce n'est pas crédible et il s'en faut de peu ?

34 En employant chaque fois le mot *main*, comment dire : je suis persuadé de quelque chose, j'ai réussi facilement, bravo et je reviens bredouille ?

35 En employant chaque fois le mot *nez*, comment dire : je gagne facilement, je te mène à ma guise, je ne suis pas très malin, ça devait m'arriver, c'est très visible, je suis sorti et je suis indiscret ?

Réponses page 187.

Multiples questions

Quelle était la couleur du cheval blanc d'Henri IV ?
Bien sûr, cette devinette-là est facile ! Mais trouver la différence entre Paris et un ours polaire, c'est déjà plus compliqué.
C'est d'ailleurs l'intérêt du jeu...

Quelle est la différence ?

1 Quelle est la différence entre Paris et un ours polaire ?

2 Quelle est la différence entre le train et le café ?

3 Quelle différence y a-t-il entre une couturière et un Anglais ?

4 Quelle différence y a-t-il entre un marin et un charcutier ?

5 Quelle différence y a-t-il entre un comptable et un voleur ?

Quelle est la ressemblance ?

6 Quelle est la ressemblance entre un peintre et un coiffeur ?

7 Quelle est la ressemblance entre un ciel orageux et un pâtissier ?

8 Quelle est la ressemblance entre un roi et un livre ?

9 Quelle est la ressemblance entre un agent de police et un gant de crin ?

10 Quelle est la ressemblance entre un mendiant et un pantalon percé ?

11 Quelle est la ressemblance entre un malade et un mauvais crayon ?

12 Quelle est la ressemblance entre le soleil, un vélo et un grand magasin ?

Qui suis-je ?

13 Je ne peux pas marcher, j'ai pourtant un dos et quatre pieds. Qui suis-je ?

14 J'ai deux chambres, plusieurs pièces et une sonnette, mais je ne suis pas une maison. Qui suis-je ?

15 Je suis le plus léger des coquillages. Quel est mon nom ?

16 Je parle toujours le second et connais toutes les langues. Qui suis-je ?

17 Si l'on s'occupe de moi je rapetisse. Si on me laisse tranquille, je grandis. Qui suis-je ?

18 Sans R, je suis froide, avec je suis chaude. Qui sommes-nous ?

19 Je change souvent de quartier. Qui suis-je ?

20 Je me lève sans sortir de mon lit. Qui suis-je ?

21 J'ai deux pieds, deux bras, une tête ronde et je marche sur la tête. Qui suis-je ?

22 Je suis plein ou vide, je suis invertébré, je suis transparent, je suis couleur nature, la pantoufle de Cendrillon en est faite. Qui suis-je ?

C'est un comble !

23 Quel est le comble pour un électricien ?

24 Quel est le comble du comble ?

25 Quel est le comble pour un malade ?

26 Quel est le comble pour un maçon ?

27 Quel est le comble pour un cordonnier ?

28 Quel est le comble de la prudence ?

29 Quel est le comble pour un pompier ?

30 Quel est le comble pour un marin ?

31 Quel est le comble de la bêtise ?

32 Quel est le comble pour un jardinier ?

Pourquoi et comment ?

33 Pourquoi l'air est-il si frais ce matin ?

34 Pourquoi la femme d'un fermier ne doit-elle jamais s'appeler Claire ?

35 Comment peut-on écrire oreiller en un seul signe ?

36 Pourquoi Napoléon portait-il des bretelles bleu-blanc-rouge ?

Mais qu'est-ce donc ?

37 Qu'est-ce qui reste toujours à l'abri et se retrouve toujours mouillé ?

38 Qu'est-ce qui traverse les mers, les airs, la terre, à condition qu'on lui mouille le dos ?

39 Qu'est-ce qui absorbe l'eau salée pendant sa vie et l'eau douce après sa mort ?

40 Quel est le temps qui ne fait jamais de bêtises ?

41 Si c'est très étroit, ça fait combien ?

42 Quel est le jour le plus savant de l'année ?

43 Quel est le mur qu'aucun maçon ne peut construire ?

44 Que font trois moineaux sur un fil ?

45 Qui se vide le jour et se remplit la nuit ?

46 Quel est le poisson que l'on utilise en athlétisme ?

47 Quelles sont les îles que l'on peut manger sur le pouce ?

Réponses page 187.

Charades

Mon premier est un mot, mon second est un autre mot et mon tout forme un mot différent : voilà le principe de la charade. Après un peu d'entraînement, on peut facilement en inventer soi-même !

Charades faciles

1 Mon premier est quelqu'un qui parle trop,
Mon second vole,
Mon troisième s'offre souvent à Noël,
Mon tout est un délicieux gâteau.

2 Dans mon premier, on plante des tentes,
Mon second est l'un des cinq sens,
Mon troisième a la couleur de l'écureuil,
Mon tout est un animal d'Australie.

3 Mon premier fait la roue,
Mon second est un pronom possessif,
Mon troisième n'est pas court,
Mon tout est un vêtement.

4 Mon premier est une boisson,
Mon second est une boisson,
Mon troisième est une boisson,
Mon tout est une boisson.

5 Mon premier est un fruit,
Mon second est un fruit,
Mon troisième est un fruit,
Mon quatrième est un fruit,
Mon tout est l'air de votre choix.

6 Mon premier n'est pas dur,
Mon second est un tissu,
Mon tout a des ailes.

7 Mon premier est un vêtement féminin,
Mon second est toujours premier,
Mon troisième a six faces,
Mon quatrième est une petite forêt,
Mon tout est un justicier.

8 Mon premier est le féminin de *il*,
Mon second est un obstacle à sauter,
Mon troisième est le petit de la biche,
Quant à mon tout... défense d'y voir.

9 Mon premier est un félin,
Mon second est un récipient,
Mon troisième est le cri de la vache,
Mon quatrième n'est pas court,
As-tu déjà porté mon tout sur la tête ?

10 Mon premier rougit quand on est timide,
Il faut vingt-quatre de mon second pour faire une journée,
Mon troisième est plus d'un,
Mon quatrième est une boisson très aimée des Anglais,
Mon cinquième est une ville du sud de la France,
Mon tout est un sportif.

11 Les mamelles de la vache sont mon premier,
Mon second est la onzième lettre de l'alphabet,
Mon troisième n'est pas très intelligent,
Mon tout est un peintre célèbre.

12 Mon premier est la neuvième lettre de l'alphabet,
Mon second est un amas de choses diverses,
On se couche dans mon troisième,
Mon tout est un pays.

13 Mon premier est une ville d'Italie,
Mon second est une exclamation,
Mon troisième est un fleuve français,
Mon tout est une plante aromatique.

14 Mon premier est entouré d'eau,
Mon second est une saison,
Mon troisième est la première page du journal,
Mon quatrième est synonyme de croyance,
Mon tout commence une histoire.

Charades plus difficiles

15 Mon premier marche,
Mon second nage,
Et mon tout vole.

16 Mon premier est un véhicule,
Mon second est une monture,
Et mon tout est une voiture.

17 Mon premier aux chats plaît,
Mon second est haut et bas,
Et mon tout paît.

18 J'achète mon second avec mon premier,
Pour le voir à la fin mangé par mon entier.

19 Je prends mon premier au coin de mon dernier,
En sortant de mon entier.

À prononcer la bouche pleine

20 Mon premier est un poisson salé,
Mon second est un arbre fruitier,
Mon tout est un roi de France.

21 Mon premier est une ville d'Italie,
Mon second est une île de France,
Mon troisième est une ville de France,
Mon quatrième est un gaz combustible,
Et mon tout relate la mort du plus petit grand homme de France.

Réponses page 188.

Réponses et solutions

Réponses de la page 60

Marienbad

Astuce
Pour gagner, laisser à son adversaire l'une des combinaisons suivantes :

• **Premier cas, il reste une rangée de 3 allumettes, une rangée de 2 allumettes et une rangée de 1 allumette :** si l'adversaire prend 3 allumettes, il faut en prendre 2 ; s'il en prend 2, il faut en prendre une ou 3 ; s'il en prend une, il faut en prendre une.

• **Second cas, il reste 2 rangées de 3 allumettes chacune :** si l'adversaire en prend 3, il faut en prendre 2 ; s'il en prend 2, il faut en prendre 3 ; s'il en prend une, il faut en prendre une.

• **Troisième cas, il reste 2 rangées de 2 allumettes chacune :** si l'adversaire en prend 2, il faut en prendre une ; s'il en prend une, il faut en prendre 2.

Réponses de la page 62

Une et cinq

Allumettes magiques

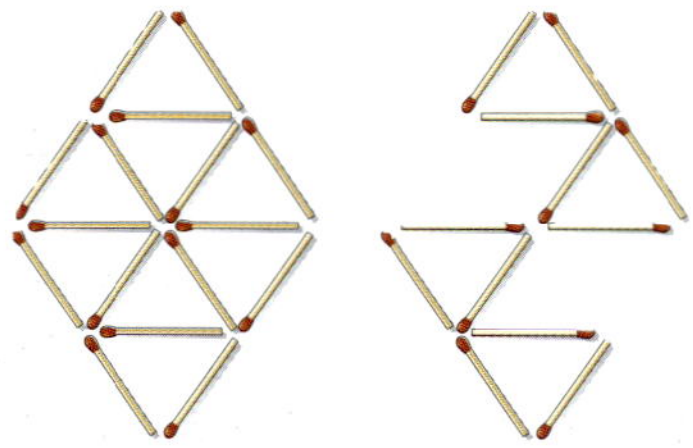

Carrés

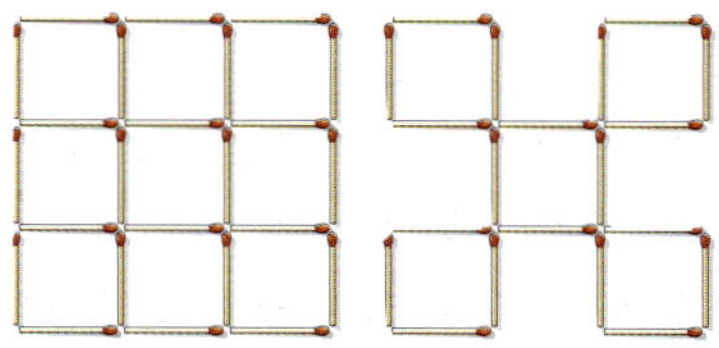

Réponses de la page 63

La croix

Opération

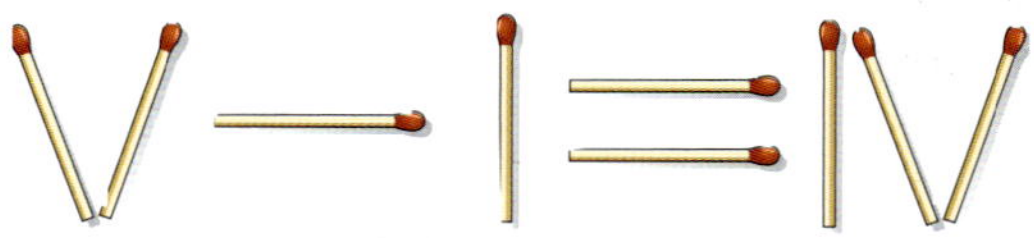

Quatre, trois sept

Astuce
Le carré du milieu, même s'il est partagé, entre en compte !

1

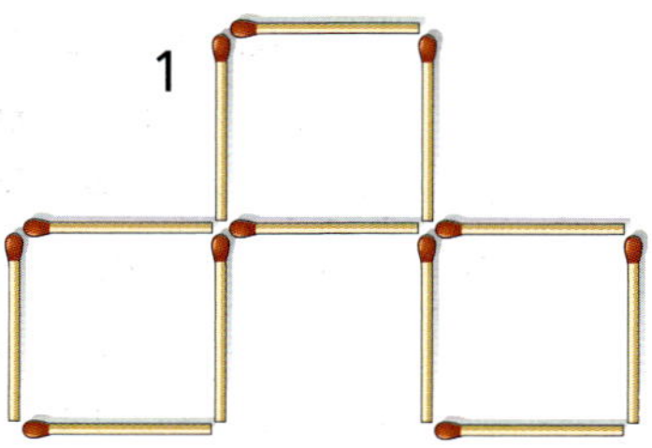

2

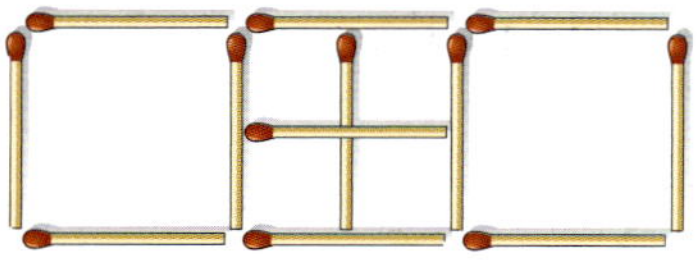

Triangles

Astuce
Il suffit de disposer d'abord un premier triangle, puis un deuxième par-dessus. L'ensemble fait apparaître à chaque extrémité de l'étoile un nouveau triangle. Il y en a donc bien huit !

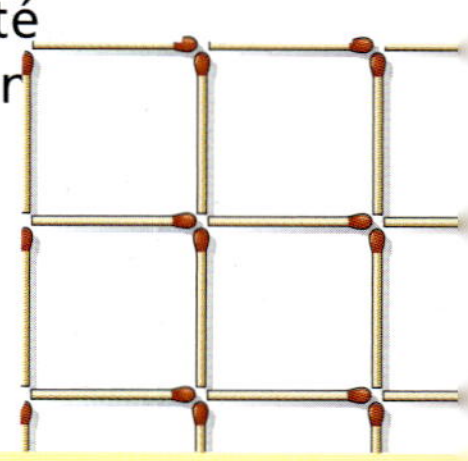

Réponses des pages 180-181

Devinettes à thèmes

1 La lettre V (gravité)
2 R, I, C
3 K, K, O
4 Q, I, R
5 A, G
6 A, J, T
7 N, R, V
8 La lettre A
9 La lettre N
10 Ted et Bill Oukoi
11 Gaspard Alizan
12 Mylène Micoton
13 Angèle, Geoffroy, Firmin Peulaporte
14 Octave Inégraitébone
15 Dino Zore
16 Harry Cover
17 Vincent, Tim Cépalour
18 Alain Terrieur, Alex Terrieur
19 Igor Sontracteurdanlgarage
20 Anne Tit'goutte, Corinne Tit'goutte, Justine Tit'goutte
21 Hélène et Ludivine Enfant
22 John Deuf
23 Marcel
24 Serge
25 Charlotte
26 Jeannette
27 Olivier
28 Agathe, Jade
29 Louis
30 Je montre les dents, je suis sur les dents, j'ai les dents longues (elles rayent le parquet) et j'ai la dent (je n'ai rien à me mettre sous la dent).
31 Je fais les gros yeux, j'ouvre l'œil (et le bon), je dis oui les yeux fermés, je n'en crois pas mes yeux, je t'ai à l'œil.
32 J'ai les jambes en coton, je me mets en jambes, je prends mes jambes à mon cou, j'en ai plein les jambes.
33 Je me fais des cheveux blancs, j'ai un cheveu sur la langue... c'est tiré par les cheveux mais il s'en faut d'un cheveu.
34 J'en mets ma main au feu, j'ai réussi haut la main, j'applaudis des deux mains et je rentre les mains vides.
35 Je gagne les doigts dans le nez, je te mène par le bout du nez, je ne vois pas plus loin que le bout de mon nez, ça me pendait au nez, ça se voit comme le nez au milieu de la figure, j'ai mis le nez dehors et je fourre mon nez partout.

Réponses des pages 182-183

Multiples questions

1 Paris est métropole et l'ours est maître au pôle.
2 On prend le train quand il passe et le café quand il est passé.
3 La couturière se pique le doigt et l'anglais speak english !
4 Le marin voit d'abord les côtes et ensuite le port ; le charcutier voit d'abord le porc, et ensuite les côtes.
5 Le comptable additionne et le voleur soustrait.
6 Ils peignent tous les deux.
7 Ils font tous les deux des éclairs.
8 Ils ont tous les deux des pages.
9 Ils rétablissent tous les deux la circulation.
10 Tous deux ont besoin d'une pièce.
11 Ils ont tous les deux mauvaise mine.
12 Ils ont chacun des rayons.
13 Une chaise.
14 Une bicyclette.

15 La palourde.
16 L'écho.
17 Un trou dans un bas.
18 La bise et la brise.
19 La lune.
20 Le soleil.
21 Une brouette.
22 Le verre, le ver, du verre, le vert, le vair.
23 C'est d'avoir des ampoules.
24 C'est qu'un muet raconte à un sourd qu'un aveugle les observe.
25 C'est de se tenir la tête en bas pour faire tomber la fièvre.
26 C'est d'avoir peur du béton armé.
27 C'est de ressemeler une botte de radis.
28 C'est de marcher sur les mains pour ne pas recevoir de tuile sur la tête.
29 C'est de se nommer Lancelot.
30 C'est d'avoir le nez qui coule.
31 C'est de confondre son chien avec une carte à puce.
32 Porter une cravate à pois, porter un chapeau melon ou intimider ses tomates pour les faire rougir !
33 Parce qu'il est resté dehors toute la nuit.
34 Parce que la ferme tuerait Claire (la fermeture éclair).
35 Il suffit de rayer la lettre O.
36 Pour soutenir son pantalon.
37 La langue.
38 Un timbre.
39 Une éponge.
40 Le plus-que-parfait.
41 22 (6 et 13 et 3).
42 Le 7 août.
43 Le mur du son.
44 Un nombre impair.
45 Le lit.
46 La perche.
47 Les îles Sandwich.

Réponses des pages 184-185

Charades

1 Bavaroise au chocolat (bavard/oiseau/chocolat).
2 Kangourou (camp/goût/roux).
3 Pantalon (paon/ta/long).
4 Café au lait (café/eau/lait).
5 Pom-pom-pom-pom-pom (pomme/pomme/pomme/pomme/pomme).
6 Moulin (mou/lin).
7 Robin des Bois (robe/1/dé/bois).
8 Éléphant (elle/haie/faon).
9 Chapeau melon (chat/pot/meuh/long).
10 Joueur de tennis (joue/heure/deux/thé/Nice).
11 Picasso (pi/K/sot).
12 Italie (i/tas/lit).
13 Romarin (Rome/ah !/Rhin).
14 Il était une fois... (île/été/une/foi).
15 Hanneton (âne/thon).
16 Carrosse (car/rosse).
17 Mouton (mou/ton).
18 Souris (sou/riz).
19 Théâtre (thé/âtre).
20 François Premier (anchois/pommier).
21 Napoléon est mort à Sainte-Hélène (Naples/Oléron/Aigues-Mortes/Acétylène).

Index

Q

R

S

T

U, V, W, X, Y, Z

Ont participé à cet ouvrage :

Illustrations traditionnelles :

Pascal Baltzer
pages 6-7 ; 16-17 ; 34-35 ; 42-43 ; 52-53 ; 64-65 ; 96-97 ; 118-119 ; 134-135 ; 148-149 ; 170-171, 178-179.

Corinne Bongrand
pages 22-23 ; 26-27 ; 48-49 ; 72-73 ; 82-83 ; 100-101 ; 114-115 ; 122-123 ; 138-139 ; 146-147 ; 160-161 ; 178-179 ; 184-185.

Michel Conversin
pages 14-15 ; 28-29 ; 44-45 ; 56-57 ; 76-77 ; 84-85 ; 102-103 ; 120-121 ; 136-137 ; 158-159 ; 174-175 ; 180-181.

Cécile Hudrisier
pages 8-9 ; 30-31 ; 36-37 ; 50-51 ; 62-63 ; 78-79 ; 88-89 ; 104-105 ; 112-113 ; 124-125 ; 132-133 ; 150-151 ; 156-157 ; 168-169 ; 184-185.

Nathalie Lemaire
pages 5 ; 24-25 ; 38-39 ; 60-61 ; 68-69 ; 74-75 ; 86-87 ; 106-107 ; 130-131 ; 140-141 ; 162-163 ; 172-173 ; 178-179.

Juliette Lévéjac
pages 20-21 ; 40-41 ; 58-59 ; 70-71 ; 93 ;108-109 ; 126-127 ; 142-143 ; 154-155 ; 164-165 ; 182-183.

Lisa Mandel
pages 6-7 ; 18-19 ; 32-33 ; 54-55 ; 66-67 ; 80-81 ; 98-99 ; 110-111 ; 128-129 ; 144-145 ; 166-167 ; 182-183 ; 184-185.

Infographies :

Laurent Blondel
pages 5 ; 60-61 ; 62-63 ; 74-75 ; 78-79 ; 82-83 ; 96-97 ; 98-99 ; 100-101 ; 186 ; et pictogrammes de couleur.

Nathalie Gueveneux
pages 14 ; 18 ; 34 ; 41 ; 88-89 ; 90-91 ; 92-93 ; 102 à 115 ; 150-151.

Léonie Schlosser
pictogrammes noirs.

Illustrations de couverture :
Line Tship

Conception graphique :
Isabelle Bochot

Conception de la couverture :
Julie Mathieu

Mise en page :
Véronique Chabert d'Hières

Direction éditoriale :
Christophe Savouré et Guillaume Pô

Directeur de création :
Laurent Quellet

Direction artistique :
Armelle Riva

Édition : Gaëlle Guilmard et Hélène Raviart, assistées de Laurianne Barbier

Fabrication : Marie Guibert

Photogravure : IGS
Achevé d'imprimer en Malaisie par TWP
Édition 02 - mai 2011

Dépôt légal : septembre 2010
ISBN : 978-2-215-09193-6
N° d'édition : P11068

Merci à Agnès Barbier, conservateur du musée français de la carte à jouer et à Catherine Stouls-Nicolas, attachée de conservation et responsable du centre de documentation de ce musée, pour l'aide qu'elles ont apportée à la rédaction de l'historique des jeux. Certaines informations historiques sont tirées du livre de Jean-Marie Lhôte, *Histoire des jeux de société*, Paris, Flammarion, 1994.